まったり

しながら

引き寄せる

こうちゃん

SB Creative

まったりしながら引き寄せる

こうちゃん

はじめに

「無条件の愛を生きる」

これが引き寄せの法則を意図的に活用して、人生を創造する人の在り方です。

引き寄せの法則自体を学ぶ必要はありません。

それは重力の法則を学ぶ必要がないのと同じことです。

重力の法則を学ばなかったことで、身体が宙に浮いてしまって困っている人はどこにもいませんよね。引き寄せの法則を学ばなくても、この法則は一貫して宇宙の至るところで働いています。

学ぶ必要があるとすれば、その上手な活用方法だけです。

引き寄せの法則とは、要するにあなたが考えていることを手にするというシンプルな法則です。

あなたは考えていることの波動で振動するので、その波動に引き寄せの法則が反応し、あなたが考えていることにマッチしたものが引き寄せられてきます。

最近では「引き寄せの法則はもう古い」とか、「引き寄せの法則を卒業しましょう」という情報を発信するインフルエンサーもいます。ですが、宇宙の法則が古くなったりはしませんし、それは卒業できるものでもありません。

重力が古くなることもなければ、卒業できるものでもないのと同じことです。

重力よりも強力な宇宙の法則である引き寄せの法則がいつも働くこの世界において、あなたは自分がフォーカスしていることを人生に引き寄せます。

そんな世界の中で、あなたは目の前の現実のことを考えることもできれば、目の前にはまだない現実のことを考えることもできます。

「目の前に望む現実があれば、幸せを感じる」

これが条件付きの愛です。

「目の前の現実には関係なく、幸せを感じる」

これが無条件の愛です。


目の前の現実が変わらなくても、あなたは幸せを感じることができます。

もし幸せを感じられれば、その波動に引き寄せの法則が反応して、幸せな現実がやってきます。

こうやってあなたは現実を今いるところから変えられるのです。


望む現実が先に目の前にある必要はありません。

まるで目の前に望む現実があるかのような幸せな気持ちでいれば、現実は望むものになっていきます。

耳にタコができるほど聞いてきたことかもしれませんが、これは宇宙の法則なので今も昔も変わらない仕組みです。

そして、この不変の法則をうまく活用できれば、あなたは必ず望む現実を好きなだけ楽しく味わいながら生きることができます。

実際に僕自身も、素晴らしい現実を創造できていますし、これからの創造もただただ楽しみでしかありません。

引き寄せの法則を実践するだけで十分に楽しくて豊かな人生は生きられます。

今も幸せだし、これから先のことも楽しみに感じるという状態ほど素晴らしくワクワクすることはありません。

ぜひ、あなたにもその素晴らしい気持ちを日々味わいながら生きてほしいと思っています。


無条件の愛とは、現実に関係なく愛を感じることです。

この力を思い出すと、あなたは今いる場所で、幸せな現実を引き寄せ始めることができます。


あなたが今いるところで愛を感じるとき、それ以外の現実があなたのもとにやってくることはできなくなっていきます。

あなたが幸せを感じるとき、あなたには幸せな現実が必ずやってくるのです。

それが引き寄せの法則という宇宙の法則の頼りになるところです。

引き寄せの法則を意図的に実践するということは、無条件の愛の存在として生きることを意味します。

目の前の条件、目の前の人、目の前の環境などに関係なく、自分が愛の波動でいられる力を磨いていくこと。これが本当に引き寄せをマスターするということです。

世の中には条件付きの愛を語りながら、自らのことを引き寄せマスターだと名乗って情報を発信しているインフルエンサーもいます。

例えば、「違和感を抱く人がいればすぐにその人から離れるように」と彼らはあなたにアドバイスします。

嫌な人から離れれば、目の前の現実が変わると思っているからです。

しかし、自分の視点が条件付きの愛から無条件の愛にシフトしなければ、また違う顔をした嫌な人が違う場所で目の前に引き寄せられてくるか、人を避け続けてやがて孤独になるかのどちらかです。

人の嫌な部分を引き寄せた自分の波動を変えないまま、新たに違う人の嫌な部分を引き出すことによってそのレパートリーを増やしても、時間とともに世界に幻滅していくだけです。

自分の波動を変えることなく闇雲に世界を動き回るのはやめましょう。

自分を愛の波動に調整してから世界に出ていけば、あなたは行く先々で世界の輝きに出会うでしょう。

行動範囲が広がるほど、世界は素晴らしい場所だという確信をあなたは深めていきます。

愛の視点で見る世界が、その愛にマッチする証拠を見せてくれるからです。

本当に引き寄せをマスターする人は、まず自分がもう一度愛の存在に戻るように心がけ、後のことは引き寄せの法則に任せます。

つまり、愛の視点で他人を見ることにひたすら専念して、その愛の波動に仕事をさせるわけです。

すべてが波動でできていて、その波動に引き寄せの法則が働くこの宇宙では、自分の波動をコントロールすることが、最も簡単に自分の望む人生を創造できる方法です。

波動を変えずに人生を創造しようとすれば、いくら行動しても足りないように感じてしまうはずです。

自分が「無条件の愛の存在」であることを思い出せたら、最も満足を感じる最も簡単な道を通って、願いが叶っていくのを目にすることができるようになります。

人や環境などの条件に頼ることなく、自分の波動を愛に調和させることを心がけるのが、意図的な創造者として生きることです。
それが本来のあなたの生き方です。

この本では、条件付きの愛をうまく正当化することを学ぶのではなく、無条件の愛を学んでいきます。

あなたは本来、無条件の愛の波動を持つ存在です。

ですから、この本を読んで、その自分を思い出し、今いる場所でくつろいでください。

今いる場所でくつろぐことこそが、本当に引き寄せをマスターするということです。

くつろぐことの意味を学び取ってください。

もくじ

第6章 地球人としてくつろぐ

第8章 Q&A

ブックデザイン　轡田昭彦+坪井朋子
カバーイラスト　羅久井ハナ

こうちゃんの過去なんてどうでもいい

―― 第0章 ――

あなたがこれまで知らされていなかったであろう最も重要な事実は、あなたが何かを願った瞬間にそれが宇宙の見えない次元に即座に用意されることです。

これが宇宙の仕組みであり、地球で例外なく誰にでも常に起きている事象です。

あなたが何かを願うと、つまり、望まない何かを体験すると、その瞬間に反対にある望むものが波動として見えない現実に創造されます。

つまり、あなたが望むものはすでに現在、波動として見えない世界に存在しているということです。

見えない次元から見ると、あなたの願いはすでに用意されています。

それがこの世界の基本的な仕組みです。

あとは、あなたの波動が願いと調和すれば、見えない現実から見える現実へと願いが溶け出していきます。

見えない現実と見える現実がブレンドされ、混ざり合っていくのです。

まるで植物の種が徐々に大きく育っていくように、あなたの願いは豊かに実っていきます。

その鍵となる唯一のものが、あなた自身の波動です。

僕はある日、本を通じてエイブラハムという存在と出会い、その秘密を知ったことで、自分自身の波動を調整する練習をするようになりました。

その結果、さまざまなコントラストに満ちた人生体験から明確になってきた願いが次々と展開していきました。

現在は、引き寄せの法則をこの世界に広めたエイブラハムという見えない意識の集合体から学んだことを、YouTubeで解説しています。

僕がどれだけ過去に望まないことを体験してきたかを、細かく話すつもりはありません。

あなたにも過去を振り返ってほしいとは一切思わないからです。

ただお伝えしたいのは、僕にも自分の存在価値を疑い、自信がなく、努力を頼りにして頑張って生きていた頃があったことです。

いきなり今の自分のようにリラックスできて、自信があって、自分の価値を知っている状態だったわけではありません。

赤ちゃんの頃は知っていたことも、僕は大人になるにつれ忘れていってしまいました。

それを再び思い出し、どれだけ人生がよくなって、どれだけ幸せが増え、どれだけ素晴らしい体験ができたかという話なら、詳細に語る価値があるでしょう。

しかし、何よりも価値があるのは、この本に書かれていることをあなた自身が理解し、実践することで、実際にあなた自身に素晴らしい体験をしてもらうことです。

あなたの人生体験を通して、ここに書かれてあることが真実であることを知ってください。

そして、いつかあなたが叶えた願望を、体験した素晴らしいことを、そして、喜びに溢れる気持ちを教えてください。

そのときになったら、僕の喜びもあなたに共有しましょう。

宇宙の法則を理解して、くつろげば、人生はよくなります。

それを体験してください。

その体験が唯一の教師です。

宇宙の法則を生きてください。

それを知るだけではなくて。

願望を叶えてください。

それを夢見るだけではなくて。

あなたは願いを叶えるに値します。
そして、願いは叶って待っています。
この人生で、その喜びをリアルに味わってください。

もう、くつろいでもいい

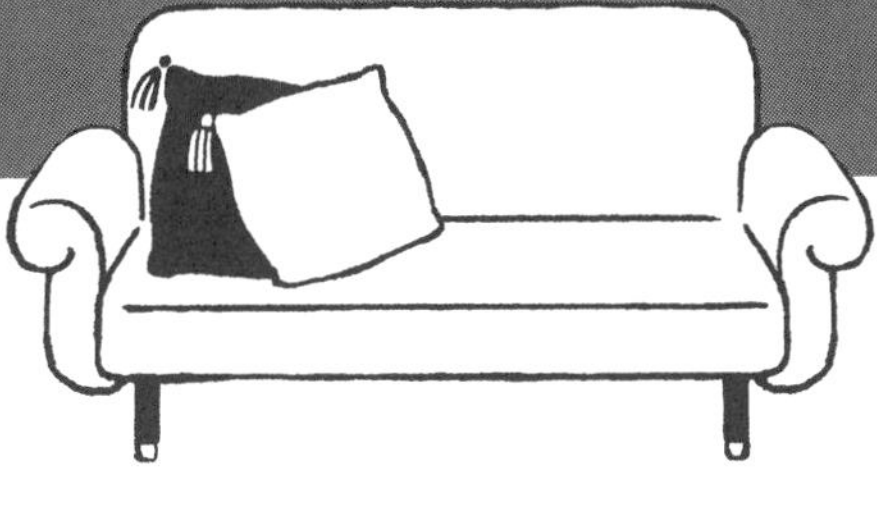

―― 第1章 ――

タイムラグ（時間差）が生んだ引き寄せ迷子

もう古びた言い方かもしれませんが、「引き寄せ迷子」と呼ばれる、引き寄せの法則を学んでからも願望実現を楽しめていない人たちが生まれた背景について、僕なりの考えを話します。

引き寄せ迷子が生まれた主な原因は、「せっかちさ」と「愛を探す場所を間違えていたこと」の2つです。

この章では「せっかちさ」について話しましょう。

例えば、あなたがとうもろこしの苗を土に植えたとします。

翌日に実がなるだろうと期待して、ワクワクしながら畑を見に行くと、当然ほとんど何も変わらない状態です。

「もうすでにとうもろこしがあるかのように今日は庭にバーベキューの用意もしてい

るし、昨日寝る前には予祝をして、まるでとうもろこしがすでに実ったかのようにお祝いもしたというのに、まだとうもろこしが食べられないなんておかしい」と、あなたは大げさにがっかりします。

とうもろこしが育つにはある程度時間がかかるので、今日苗を植えたからといって、明日それがおいしく食べられるわけではありませんよね。それと同じく、願望が引き寄せられて実現するのにもある程度時間がかかるものです。

僕の場合は、YouTubeから初めての収入を得るのに2年以上かかりました。ちなみに最初の1年で僕のYouTubeチャンネルを登録してくれた人は100人くらいです。

自分が直感に従って行動していたとしても、急に自分の望む現実になるわけではありません。

ですが、自分の直感に従い続けて、YouTubeで情報を発信し始めてから3年くらいすると、YouTubeだけで豊かに生きられる現実になりました。

それまでやっていた映像クリエイターとしての仕事をすべて断り、自分の映像制作に専念できるようになったのです。

自分のYouTubeの発信と映像制作の仕事を掛け持っていた時期が数年間ありました。ですから、ある日突然夢が実現したのではなく、今の状況を夢に見ていただけの時期がもちろん僕にもありました。

あり得た可能性としては、自分の夢が叶う道の途中で、勝手に自分でやめてしまうことです。情報を1年発信して100人の登録者数という結果なら、自分には才能がないとか、この情報は仕事になるほど需要がないなどと、いろんな理由をつけることができるでしょう。

実際、このように願望実現にタイムラグ（時間差）があることによって、多くの人が引き寄せの法則をせっかく学んでもそれを疑い始めてしまいました。

順調に願望という植物が育っているのに、焦って土を掘り返して植物の種の成長を邪魔してしまうわけです。

なかなか目に見える成果が現れてこないことに焦って、いい気分でいるだけで願いが叶うという引き寄せの法則を信頼できなくなった人が続出したのです。

植物にはそれが育つ環境が必要であるのと同じで、願望実現にも波動が安定して調和しているという条件が必要ですが、じっとしていられない人たちは土から掘り返した種をほったらかしにしていきました。

つまり、「ただいい気分でくつろいでいれば願いが叶う」という引き寄せの法則以外の何かを探しに行ってしまったのです。

彼らは違うやり方を教えてくれる何かを求めて、本屋さんのスピリチュアルコーナーをさまよい始めます。

本当は、やり方が間違っているというよりも、単に結果を急ぎすぎているというのがうまくいかない原因です。

波動さえ願望に調和していれば、すなわち、なるべく気分よく過ごしていれば願いはどんどん叶っていきます。

できるだけ幸せでいることが最も生産的な願望実現法なのです。

しかし、ほとんどの人はせっかちにも土から芽が出る前に諦めてどこかへ行ってしまうのです。

種を植えて機嫌よくその場所でくつろいでいたら、必ず芽は出ます。

それをのんびり待てる人と、待てない人がいるだけです。

気分よく過ごせるようになれば、願いを実現できるかどうかは、せっかちかどうかの違いでしかありません。

思考の癖を変えるのにも練習が必要ですし、引き寄せも時間がある程度はかかるものです。焦ってしまっただけだと捉えられれば、変な方向に進まずに済むのですが、多くの人は他の原因を求めて迷いの森に入っていきました。

つまり、宇宙で最もパワフルな引き寄せの法則を深く理解して使いこなすという以外の解決策を求めているうちに、さまざまな情報に翻弄され始めたのです。

これが引き寄せ迷子が大量に発生した背景だと僕は考えています。

救世主インフルエンサーたちの登場

彼らが引き寄せの法則を知ってから願望が実現するまでのタイムラグの間に、ここぞとばかりにたくさんのインフルエンサーたちが登場してきました。

引き寄せ迷子が巷に溢れたタイムラグの時間帯は、インフルエンサーたちが「あなたの願いが叶わない理由はこれです！」と言いたい放題できるボーナスタイムでした。

彼らは独自の世界観でストーリーを語り、人々を魅了していきます。

願いが叶わない言い訳を提供してくれる彼らの情報は、引き寄せ迷子たちの落胆を一時的に和らげてくれました。

例えば、地球はアセンションしようとしていて、あなたはその次元上昇を助けに来たのだと言われると、自分個人の持つ願いなどどうでもいいとさえ思えるので、自分の日常が惨めなものでも気にならなくなる気がします。


魂のレベルが上がると願望を叶えることには興味がなくなると言われると、願望が実現していない現実を逆に高く評価できそうです。

どんどん願いを叶えている人へ嫉妬してしまっても、魂レベルが低いんだなと思えば逆に優越感が手に入ります。


このように、引き寄せ迷子たちの願いが叶わない言い訳として受け入れたくなるような魅力的な話を、インフルエンサーたちは次々と持ちかけていきます。

願望実現のタイムラグに耐えられなくなった引き寄せ迷子たちは、心を和らげてくれるインフルエンサーたちの情報を次々とフォローしていきました。

その結果、生まれたのが「スピリチュアル難民」たちです。

スピリチュアル難民たちは、シンプルに願望を実現することからどんどん遠ざかっていき、複雑なことを学んでいきます。

願いが叶わない言い訳として使える情報は多いほうがいいからです。


こうしてシンプルだったはずの引き寄せは、例えば潜在意識のような無意識の領域まで活用しなければならない難解なものと化してしまいました。

「引き寄せは難しいはず」という思い込みにマッチした難解な情報は、スピリチュアル難民たちに喜んで迎え入れられました。


感じていないこと、考えていないことも影響していると勘違いさせられ、潜在意識に加え、過去世やインナーチャイルド、魂の設定、星の動きなどの新たな荷物までもどんどん背負わされていきます。

願望実現は、簡単でシンプルなもの

引き寄せの法則を意図的に活用してもうまくいかない本当の原因は、せっかちさです。

焦らなければ、引き寄せの法則という一貫した不変の力によって、あなたの願いは自然に叶っていき、人生はよくなり続けます。しかし、現実がなかなか変わらないことに我慢ならなくなった人たちは、とにかくそれ以外の原因を集めていくことに自分を忙しくしていってしまいます。

苗を植えたとうもろこしが食べ頃になっても、彼らはスピリチュアルの探求で忙しく、豊かな畑に姿を現すことはありません。

今の時代に必要なのは、シンプルなものに戻ることです。

「引き寄せ」はとても簡単なものなのです。

そこには過去世も関係ないし、潜在意識も、インナーチャイルドも、魂の設定や星の動きも関わっていません。

あなたは考えていることを手にします。たったそれだけのことです。望むことであろうと、望まないことであろうと、あなたは考えたことを手にすることになります。

ですから、考えていることを変えるだけでいいのです。

これであなたは願望実現に必要なことのすべてを知りました。

生まれる前に考えていたことも影響していませんし、潜在意識も影響していませんし、インナーチャイルドもいませんし、星も影響していません。あなたの今考えていることしか、あなたの引き寄せには関係ないのです。

あなたが考えていることが望むことか望まないことかは、その思考に伴う感情でわかります。それが自分にとって望ましいものを引き寄せる思考なのかどうかは、今、感じることができるのです。

そして、その感情にマッチした引き寄せが起きています。

ただそれだけの話です。

そこにはインナーチャイルドも、潜在意識も、過去世も、魂の設定も、星の位置も登場してきません。本当に関係があるものが何なのかをはっきりと理解することが大切です。

引き寄せの法則は顕在意識にだけ作用する

「潜在意識は97％の影響力を持つ」

これはすごく広まってしまった考え方だと思います。

しかし、実際は、潜在意識の影響力は0％です。

コントロールもできない、意識もできない、感じることもできない無意識の領域である潜在意識が97％もの力を持っていたら、僕だったら絶望してしまいます。

3％の力しか自分の意識できる領域には残されていないだなんて、自由に生きることなど決してできないだろうと、無力感に打ちひしがれてしまうでしょう。

そして、潜在意識の奴隷として、惨めな人生を生きていくしかないんだと結論づけて落ち込むはずです。

あなたももしかしたら、そんなふうに巨大な潜在意識というハリボテに怯えてしまったことがあるかもしれません。しかし、潜在意識の本当の姿を知ると、そんな気持ちはすぐに吹き飛びますので安心してください。

単刀直入にいうと、実際に人生に影響力を持っているのは、顕在意識だけです。つまり、コントロールできて、意識できて、感じることができるものだけが、人生で体験するものを引き寄せる力を持っています。

実際のところ、潜在意識は人生に何も影響していません。人生に何も影響しないくらいにひっそりとおとなしくしているのが潜在意識なのです。何も悪さをしていないのですから、これからはぜひ放っておいてあげてください。

潜在意識の正しい定義は「人生に影響しない思考のすべて」です。

これは引き寄せの法則の働き方について考えてみれば、すぐにわかることです。宇宙で最もパワフルな法則である引き寄せの法則が働くのは、顕在意識にある思考に対してだけです。潜在意識にある思考には、引き寄せの法則は一切働きません。

引き寄せの仕組みは単純で、あなたがフォーカスを向けたものが活性化し、その活性化した波動が引き寄せポイントになり、引き寄せが起こります。

潜在意識にあるものは、今、考えていることではないので、活性化していません。何も感じないほどに非活性化した状態にある思考が潜在意識にある思考なのです。その潜在意識にある思考は、引き寄せのポイントにはなり得ません。思考に伴う感情を何かしら感じるほどに強く活性化した思考でなければ、引き寄せのポイントにはならないからです。

ですから、潜在意識はあなたの人生に何の影響も及ぼすことがありません。自分が意識できないくらい何も感じていないのですから、本当はあなたの人生に何も関係していないのです。

人生に影響するくらいに思考が活性化しているなら、あなたはその思考に伴う感情を今この瞬間に感じます。

今感じているものだけにパワーがあります。なぜなら、引き寄せの法則が反応するパワーは今この瞬間にしかないからです。

今この瞬間に考えて、その結果感じているものだけに引き寄せが働きます。

すなわち、今何も感じていないなら引き寄せには影響していないのです。


何も感情を感じない無意識の領域にあるものが潜在意識です。

このことから、潜在意識の影響力は0%だということになります。


巨大な潜在意識にあるのは、もはや何の影響力も持たなくなった、引き寄せ活動を引退した思考だけだと理解してください。ですから、無意識の領域を恐れる必要はまったくありません。


「自分のせいじゃないはずだ、どこかに自分以外の悪者がいるはずだ」

そのみんなの想いが「潜在意識が97%」というその大きな数字に込められています。

もしも自分の人生を自分で創造する力を思い出す人が増えれば、この数字は減っていくに違いありません。なぜなら、この数字は人々が抱えている無力感のシンボルにすぎないからです。多くの人にとって潜在意識とは、自分が望む通りの人生を生きられないという無力さのはけ口なのです。

ですが、僕たちは自分の持つ力を思い出していくこともできます。

その究極の形が「潜在意識の影響力は0％」という正しい見方です。

これは、自分の考えていることを自分が引き寄せているのだとして、人生の責任を取ることを求められるので、被害者意識の強い人はなかなか受け入れられない視点かもしれません。潜在意識の被害者でいるのも自由ですし、人生の創造者として生きるのも自由です。

あなたには、ぜひ自由な創造者であることを選んでもらえたらと思います。

潜在意識レベルの信念（ビリーフ）は書き換えなくていい

同じことを繰り返し考えると、それはやがて思考の習慣になります。

そして、習慣になるほど繰り返された思考パターンのことを信念（ビリーフ）と呼びます。

信念（ビリーフ）とは、繰り返されている思考にすぎないということです。

つまり、普段よく考えていることです。これだけがあなたの人生を形作っています。ですから、普段よく考えていることを変えれば、人生で引き寄せるものが変わります。

「潜在意識の書き換え」という言葉をよく耳にしますが、先ほども言ったように潜在意識にある信念（ビリーフ）は人生にまったく影響していません。

顕在意識で繰り返し考えていること（信念）だけが、あなたの人生に影響力を持っています。ですから、書き換えるべきは潜在意識ではなく、顕在意識にある信念です。すなわち、普段習慣的に考えていることを見直すことが重要です。

普段考えていることだったらあなたは簡単に気づくことができるでしょう。

この「簡単さ」を受け入れることが大事です。自分が意識できない複雑なものに惑わされることなく、シンプルに人生を改善していくことができるようになるからです。

潜在意識という無意識の領域が影響しているのだとあなたに信じ込ませることに成功すると、インフルエンサーたちはそこにつけ込んで、さらにカルマや過去世、スターシードとしての使命、魂の学びなど、本来のあなたにはまったく関係ないものまで次々とあなたの世界観の中に放り込んできます。

一旦あなたが彼らの言うことを信じると、次々と芋づる式にその世界観に巻き込まれていき、最終的にはもう戻ってくるのが難しいところまで思い込みが強くなってしまいます。

意識できないものが邪魔しているという思考が、他の意識できない邪魔な何かを引き寄せ続けるので、スピリチュアルな思い込みはどんどん激しくなります。

例えば、マンホールに邪気が溜まっていると言われれば、それ以降マンホールの上を歩けなくなります。はたから見るとこんなにくだらない情報でも、一度インフルエンサーにハマってしまうと、本人はなんでも思考停止状態で鵜呑みにしていってしまう精神状態になります。

僕たちは複雑さに価値を置く傾向があるので、そのような情報を引き寄せ始めると、その思い込みの檻から出るのはますます困難になっていきます。

その結果、「願望が実現していくのを楽しむ」という本来のシンプルな人生の目的が歪んでしまいます。

そして、地球での暮らしを純粋に楽しめなくなるのです。

本人は自分が思い込みの檻の中に入ってしまっていることにさえ気がつきません。
ですが、その状況を客観的に見ることができると、そこから出られるはずです。
すべての檻は、自分自身の思い込みでできています。

潜在意識のブロック解除は不要

なぜ、望まない現実が繰り返されるかというと、同じ思考が繰り返されているからです。

同じ思考が引き寄せのポイントになって、同じ状況が繰り返されます。

それを「潜在意識のブロックのせいだ」と間違って捉えると、今考えていることに気づく代わりに、普段考えていないことを探って、その中にブロックを探すようになります。それはまるで家の中で落とした鍵を、家の外で探すのと同じことです。

あなたは今この瞬間に考えていることと、それに伴う感情にマッチした現実を引き寄せています。そして、あなたは自分が何を考えているか、それによって何を感じているかを今この瞬間に認識することができます。


あなたが今この瞬間に愛を感じれば、愛の現実を引き寄せます。

あなたが今この瞬間に豊かさを感じれば、豊かな現実を引き寄せます。

潜在意識は何も関係ありません。

今、考えて、感じていること次第なのです。


人生に起こることは、潜在意識という意識できない領域にあるブロックの問題ではありません。認識できるレベルで考え、感じていることの問題です。

今の思考だけが引き寄せのポイントを活性化させる力があります。


火に油を注がなければ、やがて火は消えます。

思考を向けなければ、やがて望まない現実は引き寄せられてこなくなります。

油を注ぐことができるのは、今のあなたの思考だけです。

ブロックを解除しようとするなかで、思考という燃料をそこに注いでいることに気づきましょう。

放っておけば、火は消えます。ですから、解除しようとしないでください。

人生に影響している信念が見つかるのは、あなたの普段の思考の中です。

あなたが日常的に考え、感じていることに気づけば、引き寄せている現実との関連が見えてくるはずです。

自分が意識できない部分の信念は何も影響していません。

あなたは自分が普段考えていることを知っています。

それはすべて顕在意識にあるからです。

そして、顕在意識だけが引き寄せに関係しています。

関係がない潜在意識にブロックを探そうとしても、あなたは火に油を注いでしまうだけです。

自分が考えていることと引き寄せる現実との関連を見てください。そうすれば、すべて意識できてコントロールできる範囲にあることに気づくでしょう。

魂の設定なんてない

潜在意識を学ぶと、同じような考え方として「魂の設定」というものも付随することが多いです。

結局、何か意識不可能でコントロールできないもののせいで引き寄せがうまくいかないのだと言い訳できるものを探しているだけなのです。

「魂の設定だから仕方がない」と言って、願いが叶わないことを正当化するように促すインフルエンサーがいるために、この考えに納得させられてしまう人もいます。

例えば、専業主婦の方が好きなことを仕事にして経済的に自立したいという願いを口にすると、それはダミーの願いだと言われることもあります。

今のまま旦那さんの収入だけで幸せに暮らしなさいと霊能者にアドバイスされるのです。「魂の設定であなたは経済的に自立することはできない」と言われたりします。

あなたは願いをなんでも叶えることができます。

「魂の設定だから叶わないのも仕方ない」と言い訳して、諦めてしまうのは非常にもったいないです。

あなたの邪魔ができるのはあなただけです。

「魂の設定」にはあなたを邪魔できる力はありません。

潜在意識もあなたに関係がないし、魂の設定も関係ありません。

あなたは完全に自由であり、願ったことをなんでも叶える力があります。

潜在意識や魂の設定を忘れることができると、願望実現へのアプローチがもっとシンプルなものになります。望むものであろうと、望まないものであろうと、あなたは考えていることを手にします。

この世界の仕組みはそれほどシンプルです。

信念（ビリーフ）を変える方法

信念とは、繰り返し考えている思考のことです。

信念を書き換えようとすれば、書き換えたいと思っている邪魔な信念に注意が向いてしまうので、逆にその邪魔な信念が活性化してしまい、なかなか状況は変わらなくなってしまいます。

それによってますますむきになって信念の書き換えに取り組み始めると、さらにその信念に引き寄せの力を与えることになります。

信念は書き換えるものではありません。

それを知っていれば、邪魔な信念に何も力を与えることなく、スムーズに望む信念を活性化させられるようになります。**望む信念が活性化すれば、その思考が引き寄せのポイントになるので、望む現実が引き寄せられるようになります。**

ここで具体的な例として、苦労も努力もなしで収入が入ってくる現実を引き寄せる信念を活性化させる方法を紹介します。この信念を活性化させれば、自分が何も苦労や努力をしなくても楽に収入が潤沢に入ってくるような現実を手にすることができます。

苦労も努力もなしで収入が入ってくるという信念を活性化させる方法は、すでに苦労も努力もなしで入ってきている豊かさに感謝の気持ちを感じることです。これだけで、あなたは頑張らなくても収入が豊富に入ってくる現実を引き寄せられる信念を活性化させることができます。

例えば、雨が降ってくれれば、それがもたらしてくれる大地の恵みに感謝を感じることができます。他にも、太陽が昇ることや、空気の存在にも豊かさを感じることができます。日本に住んでいて、水道から簡単にいつでも水が流れてくることに感謝を感じられたら、その感覚はお金が簡単に豊富に流れてくる感覚と同じです。

このように、すでに豊富に流れてきている豊かさ、すでに何も努力しなくても受け取っている豊かさに思考を向ければ、苦労なくお金を受け取れる波動が活性化します。

お金に対する豊かさでなくても、豊かな波動は活性化させることができるので、お金以外に豊かさを感じれば、お金も流れてくるというのがポイントです。

お金以外のものに感謝しているだけで、お金もついてきます。

具体的な手段をアイデアとして思いついたり、具体的な出会いや、具体的な行動を思いつくということが順番に起きてくるのです。

豊かな気持ちを感じている状態にやってくる一つひとつのアイデアに従っていけば、

その豊かな気持ちにマッチした現実が展開していきます。

重要なのは、豊かな波動、感謝の波動でいることだけなのです。

このように、すでに何も苦労せずに手にしているものへの感謝を感じるだけで、努力せずに収入を受け取ることを可能にする信念を活性化させることができます。

「努力せずに受け取っているものがある」という思考が、努力せずに受け取ることができるものをさらに引き寄せ、その中に自然とお金も含まれてくるのです。

もし信念を書き換えようとすれば、書き換えたいと思っている「努力せずに受け取ってはいけない」という思考や、「苦労してお金を受け取っている」などの邪魔な思考と向き合うことになってしまいます。

書き換えようとするとそのフォーカスによって、書き換えたい思考がさらに活性化し、現実もさらに望まないものが続くので、さらにそこにフォーカスが向いてしまいやすくなります。

このように、**信念を書き換えようとすることは、まさに書き換えようとする試みに**

よって書き換えられない現実が続くことになるのです。ですから、信念は書き換えようとしないことが大事です。

信念を変える簡単な方法は、すでにそうなっているものを見つけることです。何か手にしたい現実があるなら、すでにその現実が叶っているところを探しましょう。

第2章

愛の存在としてくつろぐ

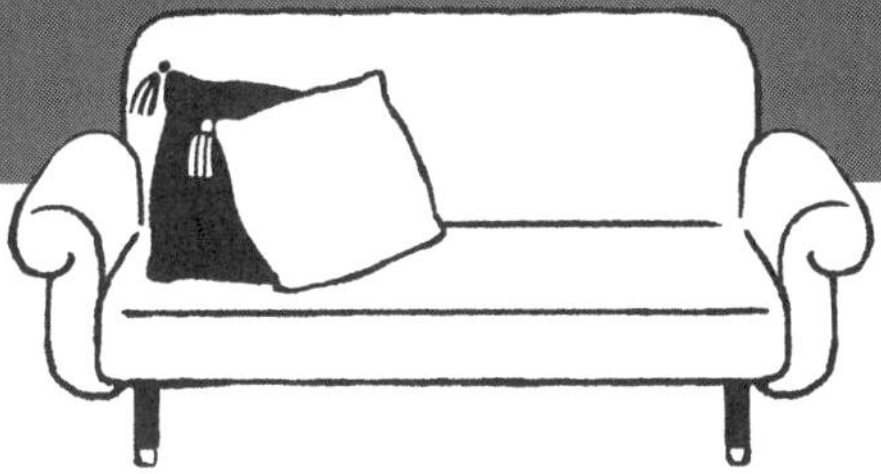

違和感は愛に戻るべきサイン

引き寄せ迷子が生まれたもう一つの主な原因として、「愛を探す場所を間違えていたこと」があります。

例えば、他人に違和感を感じるようになったとき、あなたはそれをどう解釈するでしょうか？

インフルエンサーたちの発信を聞いていると、「違和感を持ったら、離れなさい」と言われることが多いと思います。そのような情報の影響を受けたことによって、「違和感は、自分の波動が高くなった証拠だから、その人との関係は卒業すべき」だと捉える人もいるかもしれません。

自分が感じる違和感をこのように解釈するようになると、嫌な気持ちを感じるのは相手のせいであるという捉え方が癖になります。その結果、どこに行っても違和感を感じる次のターゲットを見つけては、その人間関係を断捨離するという孤独まっしぐらのループに入ってしまうのです。

実は、違和感は、あなたの思考の問題です。

あなたが感じる違和感は、あなたがその瞬間に持っている思考が愛の波動ではないことを示すサインにすぎず、相手の波動が低いからでも、卒業すべき関係だから感じているわけでもありません。

違和感という嫌な気持ちは、その瞬間のあなたの視点が愛ではなくなっていることを教えてくれています。あなたが愛ではない視点で相手のことを見ている証拠として、嫌な気持ちを感じているのです。

違和感は、あなたの問題であって、相手の問題ではありません。これを知らないと、違和感を感じるたびに相手のせいにして、自分の考え方を変えようとしなくなるので、どこに行っても、たとえ人が入れ替わっても、いつも人間関係に問題が出てくるパターンが繰り返されてしまうことになります。なぜなら、相手の欠点を見るという自分自身の思考パターンが変わらないまま内側で活性化し続けているからです。

それが引き寄せのポイントになって、同じような関係をどこに行っても引き寄せ続けてしまいます。

違和感とは、相手の欠点や、嫌なところにフォーカスしているときに感じる感覚です。ですから、相手のよいところにフォーカスすると、その違和感は消えます。

違和感を「離れるべき人間関係を教えてくれるサイン」だと勘違いすると、よいところにフォーカスを向け直すということをしないまま、その固定化された視点を引き寄せのポイントにして、さらに相手から嫌な側面を引き出すということを繰り返すだけの人になってしまいます。

相手の嫌なところに注目し続け、散々嫌なところを引き出してから、違和感が大きくなったから離れるということを繰り返しながら、自分は自分軸で生きられていると思い込んでしまう人も多いです。

ほとんどの人は、相手をどう見るかという視点を変えようとしません。

ただただ相手の目の前のふるまいや態度に反応して、それを引き寄せのポイントとして維持したまま我慢し続けたり、離れたりする人がほとんどです。

相手はあなたの見方に影響されるので、あなたの前ではあなたが持つ引き寄せポイントにマッチしたふるまいをする可能性が高いでしょう。

あなたの期待に合った態度や行動を取る相手の姿を見て、あなたは自分の見方にますます確信を持ちます。


なかにはあなたの見方に影響されずに、あなたの期待とは違ったふるまいを維持できる強さを持つ人もいるでしょう。しかし、大抵の人は、相手が自分をどう見るかに影響されて、徐々に相手の期待に流されてしまいます。


あなたには視点を自由に選ぶ力があります。

その力を意図的に使ってあなたの視点を変えると、相手への期待が変わります。

そうなれば、少しずつ相手はあなたの見方に影響を受け、これまでと違った態度になる可能性が高いです。

少なくとも、愛の視点で相手を見るあなた自身の気分は清々しいはずです。

相手を見て感じるのは違和感ではなく、愛や感謝の気持ちに変わります。

しかし、違和感の解釈の仕方を勘違いしているままだと、視点を変える力をわざわざ発揮しようとは思いにくいです。ですので大抵の人は、愛の視点を探すのではなく、断捨離の名のもと、その人間関係をいつか捨てることしか頭にない状態になってしまいます。

インフルエンサーたちが推奨する「人間関係の断捨離」という大義名分は、愛に調和しないまま行動する言い訳にはもってこいなのです。

愛の波動に基づいて行動しないことほどあなたにとって苦しいことはありません。その苦しみを和らげるために、人は「正しいことをしているんだ」と自分に言い聞かせるための情報を集めます。「正しさ」が自分をなぐさめてくれる気がするからです。

自分軸で生きるという名目で、「違和感を感じたら、すぐにその人から離れましょう」というメッセージに共感し、自分は正しいことをしているんだと思っても、その違和感の本当の意味が消えることはありません。

違和感があなたに伝えている本当のメッセージは、あなたが本当は相手のことを愛しているということです。その違和感は、あなたが自分らしい愛の思考を相手に向けることをやめている瞬間に感じるものです。

違和感が伝える本当の意味を勘違いしないでください。

嫌な気持ちは、あなたが愛することをやめたときに感じるものです。再び、あなたが愛の視点を取り戻すことができれば、その違和感は消えてなくなります。

「違和感」に対する勘違いは、僕たちが感情の仕組みについて正確に理解していないことから生まれたものです。

感情の仕組みを理解していないと、愛を探す場所を間違えてしまいます。

つまり、相手のふるまい次第で自分が愛の波動でいるかどうかを決めるという、条件付きの愛の存在へと落ちぶれてしまうのです。

愛という最も大切なものを探す場所を間違えてしまうことほど、僕たちにネガティブな影響をもたらすものはありません。そうなってしまうと、先ほど述べたように、ひたすら人間関係の断捨離を繰り返すだけの人になってしまうこともあり得ます。

感情について正しく理解すれば、自然に愛を正しい場所に探せるようになります。

その結果、愛の気持ちでいられることが増え、その愛の波動が人生に望むものを展開させてくれるようになります。

感情の仕組み

それでは、これから感情の正しい仕組みについて詳しく話していきます。

江戸時代の有名な僧、白隠の禅問答にこんなものがあります。

「両手で叩くと音がする、では片手ではどんな音がする？」

両手では拍手ができるので、パンッと音が鳴るのがわかります。

ですが、片手となると……音が出ることを想像できませんよね。

実はここに、感情が生まれるからくりが隠れています。

あなたは肉体として誕生する前から、ソースエネルギーとして存在していました。

ソースエネルギーは、家電製品を動かすのに使われる電気のようなものです。

例えば、オーブントースターでパンを焼くためには電気を流す必要がありますよね。その電気がソースエネルギーで、オーブントースターが肉体を持つあなた、というイメージです。

あなたの心臓が動いているのは、ソースエネルギーが肉体に流れ込んでいるからです。ですから、ソースエネルギーのことを生命力と呼ぶこともできます。

電気が存在しなければパンが焼けないのと同じで、ソースエネルギーが流れていなければ、あなたの肉体は働けません。

たとえそのエネルギーが目に見えないとしても、あなたが今生きているということは、ソースエネルギーが今この瞬間も、あなたに向かって、あなたを通して流れているということです。

あなたは生まれる前からそのソースエネルギーとして、非物質世界に存在していたのです。そして、ソースエネルギーとしてのあなたは肉体を持って生まれるというアイデアに思考を向けました。

その思考が現実化したのが、物質世界のあなたです。

肉体として生まれた後も、そのソースエネルギーとしてのあなたはそのまま目に見えない非物質世界に存在し続けています。
生まれてから今日に至るまでずっと、非物質世界のあなたの視点は常に残ったままであり、これからも永遠に残り続けます。

あなたは、ソースエネルギーの延長として、この物質世界にやってきました。
重要なのは、その非物質世界のあなたが今も独立して思考していることです。
肉体を持ちたいと考え、それが物質世界のあなたとして現実になった後も、肉体を持たない存在としてのあなたは考えることをやめていません。

ですから、**あなたには今この瞬間、二つの視点があるということになります。**
そして、その二つの視点それぞれが独自に考えを持っているのです。

ここで、最初の白隠の禅問答に戻りましょう。

「両手で叩くと音がする、では片手ではどんな音がする?」

片方の手だけでは音は鳴りません。

これはごく当たり前のことです。

ほとんどの人は質問することさえ思い浮かばなかったでしょう。

片手だとどうなるかと聞かれて初めて、音が鳴るのは、二つの手が存在するからだと気がつきます。


実は、この当たり前の現象の中に、感情が存在する仕組みが隠されているのです。


肉体を持つあなただけ、つまり片手だけでは感情は存在できません。

それは片手で拍手しようとしても音が鳴らないことと同じ構造です。


なぜ音が鳴るのか、つまり、なぜ感情が存在するのでしょうか？

それは、今のあなたには二つの視点（手）が存在するからです。

それらの視点が持つそれぞれの考えがぶつかって初めて感情（音）が生まれます。


肉体を持つあなたと、肉体を持たないあなたという二つの手があることで初めて、

感情という音が鳴るのです。

その感情の音色、つまり「どんな気分であるか」という感覚を通して、自分の波動が本当の自分（ソースエネルギー）の波動とどれだけ調和しているかを感じ取ることができます。

これが感情の本当の仕組みです。

ほとんどの人がこれを忘れたまま生きています。

つまり、非物質世界の自分という存在に気づかずに生きているのです。

感情の意味を理解する上で最も大事なのは、この物質世界にいるあなたと、非物質世界のあなたが、今もつながっていることを思い出すことです。

これを受け入れることで初めて「感情」を正しく理解することができます。

ですが、ほとんどの人は、肉体の視点だけで感情を理解しようとするため、本当の感情の意味を知らないままです。

どんなに頭のいい科学者でも、一生懸命心理学の本をたくさん読んで学んでいる人でも、片方の視点が欠けたままでは、感情の仕組みをいつまでも理解できないままでしょう。

感情は、物質世界のあなたの波動と、非物質世界のあなたの波動のギャップの大きさを示しているものです。肉体を持つあなたの波動と、肉体を持たないあなたの波動が調和していればいるほど、あなたはポジティブな気持ちになります。

そして、それらの波動が不調和であればあるほど、あなたはネガティブな気持ちになるのです。

二つの波動が限りなく一致すれば、あなたは愛を感じます。

ウキウキ、ワクワクして飛び跳ねたくなるような心が弾む気持ちは、その瞬間のあなたの考えが見えない存在としてのあなたの考えと調和している証拠です。

ものすごく楽しいキャピキャピした気持ちは、あなたの考えが非物質世界のあなたの考えと一致していることを教えてくれています。

胸が躍る最高にスリリングな気持ちも、あなたが本当の自分と同じ見方をしているときに感じるものです。

そのような言葉に表すことができないほどの熱意を持って、この世界で生きることを楽しみに生まれてきたのが本当のあなたです。

あなたには何も不安などありませんでした。

あなたはピュアでポジティブな存在として、すでに価値のある愛の存在として、この世界に生まれてきたのです。

感情はハートではなく、みぞおちにある

例えば、波動を音として解釈するのが耳で、光として解釈するのが目であるように、あなたとあなた（ソースエネルギー）の波動の違いを感情として解釈するのが、みぞおちあたりにある太陽神経叢という神経細胞の集まりです。

太陽神経叢のおかげで、あなたは感情という感覚を肉体で感じることができています。

このような仕組みになっていることから、感情の意味を正しく理解するには、非物

質世界の自分の側面、すなわちソースエネルギーとしての自分がいること、そしてその自分と今もつながっていることを受け入れる必要があることがわかると思います。

例えば、手を叩いたときにパンッと気持ちがいい音がすれば、両手がぴったりと重なっていることがわかりますよね。

パスッという音がすれば、両手の位置がぴったりとは重ならず、ずれてしまっていることがわかるでしょう。

このように鳴った音から両手の位置関係が把握できるのと同じで、今感じている感情をもとに、二つの波動の位置関係が判断できるのです。

二つの波動とはもちろん、肉体を持つあなたの波動と、肉体を持たないソースエネルギーとしてのあなたの波動のことです。**二つの波動がピッタリと合わさったとき、あなたはこの上なく素晴らしい気持ちを感じます。**

仮に、ソースエネルギーとしてのあなたが存在しなければ、あなたは何の感情も持たないでしょう。

これは、片手では何の音も鳴らないことと同じ構造です。

感情があること自体が、非物質世界の自分が存在することと、その存在とのつながりを今もあなたが持っている証拠なのです。

片方の手しか目の前に見えなくても、それを叩いてみれば音がする。ならばその音こそが、目に見えないもう片方の手が存在することの何よりの証拠だということです。

目に見えるかどうかは、重要ではありません。

例えばWi-Fiの電波のように、目に見えなくても確実に存在しているものはいくらでもあります。

音がするなら、目に見えないもう一つの手が確かにそこにあるということです。

つまり、そこに感情があるのなら、もう一つのあなたの視点が存在するということです。

それは非物質世界のあなたの視点です。

このように、感情が存在するということ自体が、非物質世界の自分が今も存在することを意味しています。

あなたは目に見える手と、目に見えない手を叩き合わせることで、感情という音を聞いているのだと理解してください。つまり、あなたの思考と見えない世界のあなたの思考の調和、不調和が感情で示されているということです。

インナービーイングは無条件の愛

感情とは、物質世界の自分の波動と、非物質世界に今も残って存在している自分の波動の相関関係から生まれるものです。

これを僕は**「感情の相対性理論」**と名づけました。

感情とは、二つの視点の関係性から生まれるものである、ということを前提に、さらに理解を深めていきましょう。

あなたに何よりもまず思い出してもらいたいことは、ソースエネルギーとしてのあなたが無条件の愛の波動で常に振動していることです。

目に見えない存在としてのあなたは、ピュアでポジティブなエネルギーなのです。

あなたは本来、ポジティブな性質を持っています。

それが本当のあなたの姿です。

そして、それはすべての人の本当の姿であり、今もすべての人の存在の中心にあるのは無条件の愛です。

すべての人が、生まれる前からピュアでポジティブな見えないエネルギーであり、無条件の愛の存在なのです。

この世界に生まれてからも、見えない部分のあなた、そして、すべての人の見えない部分の存在は、今もなお無条件の愛の波動で振動し続けています。

このことが感情の相対性理論における、最も重要なポイントです。

感情とは、あなたとあなた（ソースエネルギー）の波動のギャップを教えてくれるものです。

そして、ソースエネルギーとしてのあなたはピュアでポジティブな愛の波動で常に振動しています。つまり、感情は「あなた」と「愛の波動で存在するあなた」の波動のギャップの大小を示しているのです。

愛の波動で存在する自分、ソースエネルギーとしての自分のことを人によってはハイヤーセルフ、魂、神などと呼ぶこともありますが、この本では**インナービーイング（内なる存在）**と呼びたいと思います。

あなたには、物質世界のあなたと、インナービーイングとしてのあなたという二つの視点があります。

これは地球に住むすべての人に当てはまることです。

すべての人が物質世界の自分の視点と、インナービーイングの視点を併せ持つ存在であると、理解してください。

すべての人が、インナービーイングという無条件の愛の波動と今もつながっていて、その波動との相関関係として、その時々に、ある特定の感情を感じているわけです。

例えば、不機嫌な人が通りを歩いているのを目撃したとしましょう。

あなたにわかるのは、その人がその人自身のインナービーイングの意見とは違うことをその瞬間考えていることです。

インナービーイングは、無条件の愛を安定して持っています。

つまり、インナービーイングは愛することしかできないのです。

そして、インナービーイングとは、永遠に生きる存在としてのあなた、つまり、本当のあなたです。

本当のあなたは、愛することしかできません。

なぜなら、本当のあなたはピュアでポジティブなエネルギーだからです。

インナービーイングとしてのあなたは、その波動に調和しない考えは持たないのです。ですが、この物質世界にいるあなたには、自由意志があります。

自由にどんな考え、意見でも持つことができるのが、物質世界のあなたです。

愛以外の考えを持てば、人は嫌な気持ちになります。

ですが、あなたはその気持ちをガイダンスとして自分を本当の自分へと導くために使うことができます。

例えば、こんなふうに自分に質問することもできます。

「嫌な気持ちだな。今、本当の自分らしくない考え方をしていることがわかる。無条件の愛を持つ本当の自分は、どんな考え方をしているのだろう?」

気分がよくなる方法は、たった一つしかありません。

それは本当の自分、インナービーイングと同じ見方をすることです。

それ以外の見方、考え方をすれば、必ず嫌な気持ちになります。

インナービーイングとしてのあなたは、愛することをやめることはできません。

ですから、あなたが幸せになるためには、感情を活用しながら、自分の見方を調整するほかに方法はないのです。

つまり、より気持ちが和らぐ考え方を探していくということです。


考えを変えることを意図的に選択して、愛の考えを持つことができれば、気分がよくなります。

愛の存在であるあなたには、愛の見方をするほかに幸せになる方法はありません。


愛の波動で安定して存在している部分が非物質世界の次元に残っているからこそ、感情は信頼できる指標（インジケーター）として機能することができています。

もしも、この非物質世界のあなたの波動がポジティブなものとして安定していなければ、感情はガイダンスとして頼りになるものにはなり得ません。

非物質世界にいる内なる自分が、愛以外のネガティブな考え方や波動、エネルギーに変化することがあるなら、感情はそもそもあてにならないものになってしまうでしょう。

ですが、その心配は一切ありません。

物質世界にいるあなたはいろんな考え方、波動、エネルギーを自由に選ぶことができますが、非物質世界のあなたは、ピュアでポジティブなエネルギーとしてずっと安定しています。

あなたが誰かを憎んでも、本当のあなたは誰も憎むことはありません。

本当のあなたは常に無条件の愛で存在しているのです。

無条件の愛の波動で揺るぎなく永遠に存在し続けている自分が、非物質世界にずっといて、今もその自分とのつながりがあるからこそ、感情は信頼できるガイダンスなのです。

もしも、インナービーイングが愛することをやめて、例えば憎しみを感じるあなたの意見に合わせてくれれば、もちろん二つの意見が一致することになるので、あなたが感じていた嫌な気持ちは消えるでしょう。

しかし、それは決してあり得ないことです。

ですから、あなたがよい気分になるためには、あなたからインナービーイングに近づいていく必要があります。なぜなら、よい気分とは考え方にギャップがないことから感じられる感覚だからです。

インナービーイングが愛以外の意見に合わせることはありません。

よって、あなたが愛の意見に近づいていくしかないのです。


愛の波動として永遠に存在するインナービーイングは、そのピュアでポジティブな場所であなたを待っています。

いつ、そこにあなたが波動を合わせるかは、あなたの自由です。

ですが、幸せになりたいのであれば、物質世界のあなたの波動をそこに合わせる必要があります。


インナービーイングは、無条件に愛することを決してやめません。

永遠にすべてを愛するのがインナービーイングであり、それがあなたの本当の姿なのです。

感情の22段階のスケール

感情は、愛の波動で安定して存在するインナービーイングの波動とのギャップを示すものであることがわかったところで、感情を22段階に分けたものを紹介します。

1：喜び、知っている、力がある、自由、愛、感謝
2：情熱
3：強い興味、熱意、幸福
4：ポジティブな期待、確信
5：楽観的
6：希望
7：満足
8：退屈
9：悲観的
10：不満、いら立ち、焦り

11：圧倒される感覚、いっぱいいっぱい
12：がっかり、落胆
13：疑い
14：心配
15：批判、責め、非難
16：やる気を失う
17：怒り
18：復讐心
19：憎しみ、激しい怒り
20：嫉妬心
21：自信がない不安な気持ち、罪悪感、無価値感
22：恐怖、悲しみ、鬱、絶望、無力感

7番目の満足までは、インナービーイングと波動が調和している状態を示しています。

1番目から7番目のポジティブな感情でいるときは、あなたが願望に抵抗していない状態だと考えてください。

8番目から22番目は、インナービーイングの波動と不調和な状態であり、ネガティブな気持ちです。

数字が大きくなるほどインナービーイングの波動とのギャップは大きくなり、22番目の感情は最もインナービーイングの波動とのギャップが大きい状態です。

フォーカスするものによって、あなたの気分は22段階の中のどこかに位置する感情を感じますが、感情を表す言葉は他にもたくさんあります。

例えば、スマホで楽しみにしていた好きなアーティストの新曲を初めて聴くことにフォーカスしている瞬間は、すごくポジティブな気持ちになるでしょう。しかし、曲を聞いている途中でバッテリーが切れてしまったら絶望してしまいます。

このように、誰もがポジティブな気持ちとネガティブな気持ちを行き来するという意味で、感情に関して双極性を持っています。

ポジティブな気持ちとネガティブな気持ちのどちらを持つかは、望む方向と望まない方向のどちらにフォーカスするかで決まります。また、感情の強弱は願いの強さによって決まり、感情のスケールのどの感情を感じるかは思考の中身で決まります。

願いが強いものに関して、望む方向にフォーカスすれば、感じるポジティブな感情もその分強くなり、逆に望まない方向にフォーカスすれば、感じるネガティブな感情もその分強くなります。

願いが弱ければ、それについて望まない方向に考えても、それほどネガティブな気持ちは強く感じられないでしょう。

思考の中身については、例えばある願いが叶うだろうと考えると、楽観的な気持ちや希望を感じますが、その願いが叶わないだろうと考えると、悲観的な気持ちや疑いを感じます。

すべての人がその瞬間の思考、フォーカスによって、ポジティブな気持ちを感じたり、ネガティブな気持ちを感じたりするという双極性、または相対性を持つわけですが、社会では強いポジティブな感情と強いネガティブな感情を行き来する人は、双極性障害という脳の病気であると診断されたりします。しかし、実際はすべての人が願いに対する考え方に応じて、ポジティブな気持ちとネガティブな気持ちの間を変動するので、双極性を持つのはごく普通のことです。

脳の病気というのは大げさで、ただフォーカスの仕方が下手な人だと判断するほうが適切でしょう。

脳はフォーカスメカニズムを持っています。

ですから、その機能を意図的に使って、望む方向へと思考を向けることを心がけることはとても大切です。

鬱状態は、感情のスケールで見ると一番下の22番目の感情ですから、強い願望を持ちながら反対方向にフォーカスしていることがわかります。

先ほどの例でいうと、楽しみにしていた好きなアーティストの新曲をスマホで聴いている途中でバッテリーが切れたことで、すごく聴きたい曲が聴けないという思考を持っている状態です。

スマホのバッテリーが切れるまでの間の、感情のスケールの一番上の喜びを感じていたところから、一気に一番下のバッテリーが切れてしまってどうしようもないという絶望、無力感まで感情が動きました。

これを双極性障害として脳の病気にカテゴライズすることは考えられないと思いますが、実はどんな事例であっても仕組みは何も変わりません。

双極性というのは、脳の病気ではなく、普通のことです。

誰もが自分の願望とその瞬間に持つ思考によってポジティブな気持ちとネガティブな気持ちのどちらも持つ可能性があります。

強い願いにまっすぐにフォーカスすれば、とてつもなくポジティブな気持ちになるし、反対方向にフォーカスすれば、とてつもなくネガティブな気持ちになります。

ポジティブとネガティブのどちらに気持ちが傾くかは、フォーカスのうまさによって決まります。

強い願望を持ちながらネガティブな方向にフォーカスする癖がつくと、感情のスケールの一番下の鬱状態、無力感を感じ続けることになるので、その状態で医者に診てもらえば鬱だと診断されるでしょう。

何かのきっかけで自分の願望の方向にまっすぐにフォーカスできるポジティブな時間もある場合は、双極性障害や躁鬱だと診断されると思います。

大切なのは、鬱や躁鬱、双極性障害は病気ではなく、フォーカスのうまい下手にすぎないと理解することです。練習すれば、誰でも望む方向へ思考を向けるのがだんだんうまくなっていきます。

感情のスケールを理解すると、社会では障害や病気と安易にレッテルを貼られるだけのものも、単純にフォーカスをどこに向けているかの問題であると認識することができます。誰もが自分がその瞬間に活性化させている思考に応じた気持ちを相対的に感じます。

その瞬間に活性化している思考が願望にどれほどマッチしているのか、またはどれほど反するのかという程度によって、ポジティブ側の極にもネガティブ側の極にも気持ちは傾きます。

今いるところから少しましな感情を感じられる思考に手を伸ばしていけば、徐々に気持ちを和らげることは誰にでもできます。

例えば、感情のスケール22番目の鬱を感じているなら、感情のスケール17番目の怒りを目指せば気持ちが楽になるのを感じるはずです。鬱状態ではうまくできなかった呼吸も、怒りの感情であれば多少は楽にできるようになるでしょう。

もちろん、感情のスケールを理解していない周りの人は、怒りを後退だと判断するかもしれませんが、実際には立派な前進です。

感情のスケールを22番目から17番目に移動できたことは、すごい進歩なのです。波動の側面で見ると、鬱から怒りへの移動は、インナービーイングに近づいている証拠です。もちろん、怒りはまだインナービーイングと調和している状態ではないので、そこからまた上の感情を目指します。

怒りの場所からなら不満を感じる思考に手が届くでしょう。不満を感じるところまでくると、インナービーイングとの調和はすぐそこです。鬱状態から不満の感情までできたら、ずいぶん心が楽になったことを実感できるはずです。

不満からなら希望に手が届きます。

「きっと人生はよくなる」

こう思えたら、あなたはインナービーイングと調和しています。

先ほどの例でいえば、バッテリーが切れてしまって絶望したあなたは、怒りを向ける先を探します。

スマホのバッテリーの持ちの悪さに怒りを向けてもいいでしょう。

あなたはバッテリーの持ちが悪いスマホに怒りを感じます。激しい怒りは徐々に小さな怒りとなり、やがて不満に変わります。

「もっとバッテリー持ちのいいスマホがあったらいいのになあ」

不満からなら希望を感じる思考に手が届きそうです。
「家に着いたらすぐに充電しながら曲をもう一度聴こう」
これでずいぶん気分がよくなるはずです。

感情のスケールを参考にすると、自分の思考と感情との関係がより客観的に把握できるようになります。それによって、自分の感情に対する混乱も収まるでしょう。

感情の双極性は病気だとレッテルを貼るのと、普通に誰もが双極性を持つものだと知っているのとでは、対応の仕方に雲泥の差が生まれるはずです。

誰もが普通にポジティブな感情とネガティブな感情という双極性を持つものです。テンションが上がったり下がったりするのは、脳の病気ではなく、シンプルにフォーカスが揺れ動いていることが原因です。そのフォーカスを意図的に望む方向へ定めていけば、ポジティブな気持ちで安定するようになるでしょう。

インナービーイングは、安定して願望にフォーカスしています。

あなたもインナービーイングとできるだけ同じ方向にフォーカスを向けるように心がけましょう。

ネガティブな気持ちになったら、その思考を少し気分がましになる思考に変えてあげるように意識してください。

少しだけ気分がよくなる思考なら、必ず手が届くはずです。

それができたら、同じことを何度か繰り返してみてください。

少しずつでもよりよい気分を目指していけば、そんなに時間がかからないうちにポジティブな気持ちを見つけることができるでしょう。

自己肯定感の高め方

あなたにとって、この世界で最も愛するのが難しいのは、誰でしょうか？

残念なことに、その答えが「自分自身」である人はとても多いです。

自分のことをなかなか好きになれなくて、どうしたら自分に対して肯定的な見方ができるだろうかと多くの人が悩んでいます。

僕たちが自分のことを肯定的に見られなくなる原因は、周りの不機嫌な人の存在です。つまり、波動が本当の自分とマッチしていない人、言い換えると、本当の自分とつながっていない状態の人の意見を気にすることによって、僕たちは自分に問題があるのだと疑い始めます。

ですが、そもそも不調和な状態の人は、あなたを肯定的に見る能力がない状態だったのです。

人を愛することができない状態の人の意見を採用するのは、意味がありません。

なぜなら、それはあなたの問題ではないからです。

このことに気づけると、他人の不機嫌の原因が自分にあるとは勘違いせずに済みます。

あなたに問題があるという考えを持つ人は、そもそもそれ以外の見方ができない状態になっていただけなのです。

あなたに問題があったわけではありません。

しかし、ほとんどの人は不機嫌な人を嫌な気持ちにさせているのは自分なのだと思い込み、彼らの機嫌を取ろうと努力を始めてしまいます。

すなわち、周りの人の幸せの責任を持とうとしてしまうのです。

ですが、複数の不機嫌な人に囲まれると、事態はさらに難しくなります。ただでさえ、一人の不機嫌な人の機嫌を取ることも難しいのに、要求が矛盾する2人以上の人間に囲まれると、あなたは混乱します。

そして、彼らを喜ばせることができない自分を責める癖がついてしまうこともあります。

最初から他人の幸せはあなたの責任ではありません。

機嫌が悪い人は、ただ彼らの選択で機嫌が悪いだけです。それはあなたの責任ではないし、あなたに問題があったわけではまったくありません。

他人が本当の自分と調和する見方をするかどうかは、あなたの行動、ふるまいとは関係がありません。

他人がどんな見方をするか、どんな意見を持つかは、その人自身の問題です。

彼ら自身の見方や意見によって彼らは機嫌がよかったり悪かったりするわけですが、それは彼らの選択であって、あなたには関係がないのです。

もちろん、あなたのことを話す彼らの言葉を聞くと、あなたに関係があるように聞こえますが、そうではありません。

他人があなたについて語っているとしても、あなたとは一切関係ありません。

彼らの意見は、彼らの波動を物語っているだけです。

あなたが受け取るべき意見は、あなたにとって心地よく感じるものだけです。なぜなら、あなたにとって大事なのは、唯一、インナービーイングの意見だけだからです。その意見に調和しない意見、つまり、心地よく感じない意見は、あなたが真に受ける必要のない意見です。

まずはこのように、他人の意見のすべてを採用する必要がないことを知ってください。そして、あなたにとって大事なのは、インナービーイングの意見だけなのだということを思い出してください。

その意見に調和したものであるかどうかは、それについて考えているときにいい気分を感じるかどうかで判断できます。

いい気分にならない意見であれば、気にする必要はないと気づいて、インナービーイングの意見を探すようにしましょう。

自分について気分よく感じる考え方だけが、あなたにとって価値があるものです。

そして、その心地いい感覚こそが、インナービーイングの考え方とマッチしている証拠となっています。

ここで、最も簡単に自己肯定感を高める、すなわち、自分のことを好きになれる方法を教えます。

それは、自分以外のものをまず好きになることです。

例えば、子犬や子猫、アーティストなど、自分以外の何かに好きな気持ちを向けていきます。すると、いつしか自分のことを考えたときに、自分もそんなに悪くないなと自然に思えてきます。

「自分のことが好き」という自己肯定感を高めるための方法は、世の中にたくさん出回っていますが、直接自分への見方を変えることに取り組ませるものがほとんどです。

しかし、それは最も抵抗が大きい道であることもあります。

長い間、自分のことを否定的に見る習慣を続けてきた場合は、自分のことを愛する見方をするのは、簡単なことではありません。

重要なのは、愛の波動でいるために必ずしも自分自身にフォーカスする必要はないということです。もし、あなたが可愛い動物にフォーカスすることで愛を感じれば、あなたは愛の波動になります。

愛の波動になるのに思考を向ける対象は何であってもいいのです。

ですから、最初は何かを好きだと感じることを心がけることが、最終的に自分を好きになるための近道になります。

何かに対する「好きな気持ち」が安定すると、肯定的な見方をすることに慣れていきます。

しばらくは、自分のことを無理に肯定的に見ようとするのをやめて、自分以外の好きなものにフォーカスを向け続けるようにするのです。

すると、好きだと感じる気持ち、すなわちインナービーイングの見方にマッチした状態で安定してきます。

それからなら、自分のことを肯定的に見ることがずっと楽になります。

「好きだな」と感じる愛の波動でいることに慣れて、肯定的な見方をする思考に勢いがつくと、その勢いによって「嫌いだ」と感じる見方をするのが難しくなります。

そして、「好きだな」と何かに対して感じ続けていると、自分に注意を向けたときにも「好きだな」と感じる思考が思い浮かびやすくなります。

自分以外のものでいいので、「好きだな」という気持ちを向けていると、引き寄せの法則が味方になってくれるのです。

一方、自己肯定感が低い状態で「自分のことが嫌いだ」という感覚にマッチした思考に勢いがついている状態だと、引き寄せの法則が敵になってしまい、他の周波数を持つ思考を思いつくことが難しくなります。

嫌な気持ちになる思考がやってくる状態、つまり、引き寄せの法則が敵になっているときに、なんとか自分を好きだと思おうとしても、かなり難しいです。

ですから、まずは引き寄せの法則を味方にすることを考えればいいのです。

そのためには、自分以外のものでいいから、「好きだな」「愛しいな」とすでに感じている対象を見つけて、その気持ちを温めることです。

すると、その気持ちにマッチした思考がさらにやってくるようになるので、好きだという気持ちはどんどん勢いづいて安定していきます。

何かを愛する気持ちを感じているときのあなたの波動は、自分を愛するときの波動と同じです。


愛の波動でいるために別に自分を愛する必要はないのです。

あなたがこの世界にある何かを愛するとき、あなたは愛の波動で振動しています。

それが最も重要なことです。


もちろん、インナービーイングはあなたを愛しています。

ですが、そのインナービーイングの見方と一致するために自分を愛する必要はありません。

あなたが何かを愛しているとき、その瞬間のあなたはインナービーイングと波動が一致しています。

願いを叶えるのには、それだけで十分なのです。


あなたが愛の波動で振動し続けていると、願いは自然にすべて叶っていきます。

自分の人生が自然に素晴らしい展開を見せてくれるのを体験すれば、あなたは自分が愛される存在であることを身をもって知ることになります。

そのとき、あなたは自分が価値のある存在であると感じるでしょう。


自分の人生体験を通して、あなたは自分の価値を知るのです。そのための条件は、愛の波動でいることだけです。

そして、そのために無理に自分を愛さなくてもいいのです。


この世界の中に、愛することができるものが一つでも見つかれば、その対象に愛の思考を向けることです。

その思考があなたを愛の波動へと調和させてくれます。

そして、その愛の波動にマッチした素晴らしい出来事が展開していくのです。


そんなよい引き寄せが起こっている状態なら、自分を好きになるのはずっと簡単です。人生が自分の望むように展開していくのを目撃しながら、自分も価値があるし、自分はそんなに悪くないと思えてくるはずです。

簡単な道を行きましょう。
自己肯定感を高めるには、自分以外の何かを愛することから始めていいのです。
むしろ、そちらのほうがずっと簡単な場合もあると思います。

愛する能力を一時的に失った不機嫌な人からは愛されなかったかもしれません。
彼らにはそれができなかったのです。
愛の波動でない状態の人に、人を愛する能力はありません。
ですから、それはあなたの責任ではなかったし、あなたの問題ではなかったのです。

愛することができるのは、愛の波動でいる人だけです。
与えることができるのは、与えられるものを持っている人だけなのです。

愛の波動に調和して、ソースエネルギーを受け取っている人には、人に与えられるものがあります。
肯定的な見方ができるのは、ソースと調和している人だけです。

本当の自分と調和していない人の意見は気にしないでください。

その意見に耳を傾ける価値はありません。

あなたが耳を傾けなければならない意見は、インナービーイングの意見だけです。

あなたのことを無条件に愛することをやめないインナービーイングの考えを探しましょう。

それだけがあなたが探すべきものです。

第3章

くつろぎながら創造する

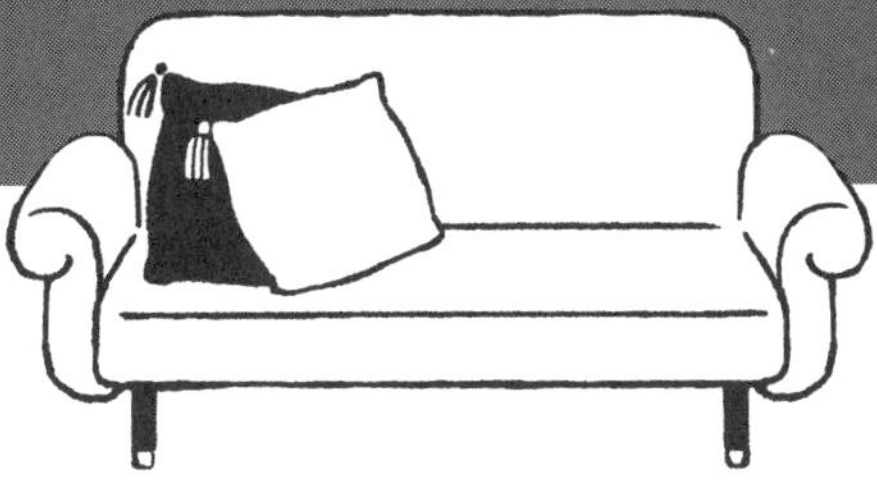

創造の5ステップ

あなたがこの地球に生まれてくる前の話をさせてください。

あなたがまだソースエネルギーとして目に見えない世界にいたときのことです。

それを魂だと呼ぶ人もいるでしょう。

あなたは見えない世界に意識として存在していました。

その見えない世界から、あなたは物質世界に思考を向けて、この世界にやってきたのです。

最も重要なのは、その見えない世界の視点が今もあなたの視点と同時に存在していることです。


見えない世界に今も残っているあなたの意識のことを、この本ではインナービーイング（内なる存在）と呼びます。

あなたには、肉体を持つ自分と、肉体を持たないインナービーイングとしての自分という二つの視点があります。

この二つの視点が今も同時に存在することを理解することさえできれば、世界の見え方がまるっきり変わるはずです。

見えない世界に今も存在しているインナービーイングとしてのあなたは何をしていて、何を考えているのでしょうか？

インナービーイングは、あなたの願望にフォーカスしていて、それだけを考えています。

そして、あなたが新しい願望を持つたびに、インナービーイングにはそれが伝わります。

例えば、あなたが「新しい車が欲しいな」と思ったら、新しい車のことをインナービーイングはずっと考えているということです。

あなたは自分がフォーカスしている思考の波動で振動しています。

例えば、豊かな思考にフォーカスすれば、豊かな波動で振動し、健康な思考にフォーカスすれば、健康な波動で振動します。

これはインナービーイングも同じです。

物質世界においても非物質世界においても、考えていることの波動が活性化して、その波動で振動することになります。

その波動に対して、宇宙で最も強力な法則である引き寄せの法則が働きます。

引き寄せの法則とは、それ自体に似たものを引き寄せるという法則です。

宇宙のすべてが、この引き寄せの法則で成り立っています。


あなたが伝えた願望にインナービーイングがまっすぐにフォーカスすると、インナービーイングの波動は願望そのものの波動としてパワフルに活性化します。

その結果、インナービーイングの波動が引き寄せのポイントになって、願いが叶うための協力的なものが見えない世界の中でどんどん集められていきます。

つまり、あなたが願ったものは、波動の現実の中ですでに活性化して存在しているということです。


そうなると、インナービーイングの視点からは、あなたが今いる場所から願いが叶う場所へと向かうルートがはっきりと見えている状態になります。

これが意識せずとも自然に起こっている創造の流れです。

あとは、インナービーイングからタイミングよく素晴らしいアイデアがあなたのもとへと届けられるので、そのアイデアに従えば、願っていたことが満足できるかたちで叶っていく喜ばしい展開を心地よく味わうことができます。

このような仕組みで、あなたはなんでもできて、何にでもなれて、なんでも手に入れることができるのです。この創造の流れについてまとめましょう。

創造には次の3つのステップがあります。

ステップ1：求める（あなたの役割です）
ステップ2：与えられる（宇宙の役割です）
ステップ3：受け取る（あなたの役割です）

創造の最初のステップは、あなたが求めることです。

これは多様性、バラエティー、コントラストに富んだこの地球で生きていれば自然に起こります。

例えば、人から失礼な態度を取られたら、あなたは自然に大切にされることを求めます。

家賃を滞納してしまったら、もっとたくさんのお金を求めます。

身体のどこかが不調になれば、健康を求めます。

このように、ステップ1は生きているだけで自然に完了します。

創造の2番目のステップは、宇宙から与えられることです。

つまり、世界を創造するパワーを持ち、地球を安定的に軌道に乗せられるような力、無限の知恵を持つ見えない世界の存在が、あなたのために願いが叶う状況を整えてくれます。

あなたが願いを放つと、インナービーイングがそれに気づいて、新しく受け取ったその願望にまっすぐに思考を向けます。

すると、願望の波動で活性化した現実が、見えない世界の波動の現実の中に創造されます。

願望が集まったこの見えない世界の波動の現実のことをボルテックスと呼びます。

このボルテックスは、まるで女性が赤ちゃんを妊娠するのと同じように、あなたが何かを願うと、リアルにその願望が波動として創造される場所です。

赤ちゃんも最初はお腹の中にいるので目には見えませんが、ボルテックスも同じです。

願いの波動で活性化したボルテックスは、最初は目で見ることも触れることもできませんが、それでも確実に存在しています。

このように、あなたが願ったものは、見えない世界に存在するボルテックスの中に先に創造されるのです。

このボルテックスには、これまであなたが願ってきたことのすべてがすでに創造されています。

さらには、その願望に協力的な要素も集められています。

あなたが願ったものが見えない世界に先に創造される、この創造の2番目のステップは、あなたが何もしなくても自動的に起こります。

すなわち、創造のステップ1とステップ2は、生きているだけで自然に完了しているということです。

あなたが生きていくなかで毎日新たに打ち上げている願望は、そのすべてが自動的にボルテックスの中に用意されていっています。あなたは何もせずとも、生きているだけで次々と願いが叶うように宇宙に用意してもらっている状態なのです。

創造の最後のステップ3は、あなたが受け取ることです。

これは、唯一あなたが意識的に取り組む必要があるステップです。

ボルテックスに創造された願望を受け取るためには、あなたの波動がボルテックスとマッチしている必要があります。ですが、新しく何かを願った瞬間のあなたの波動は、まだボルテックスの波動にはマッチしていないでしょう。

新しく何かを願うきっかけとなった望まないことに意識が向いているのは自然なこ

とです。その望まないことからフォーカスを調整していくことで、自分の波動を整える必要があります。

フォーカスを変えて、気分がよくなる思考を見つけることができれば、ボルテックスの波動にマッチするので、あなたは願望を受け取り始めることができる状態になります。

例えば、恋人に振られた瞬間のあなたは、恋人が去ったことにフォーカスしているため、新しく創造された望む恋人にはまだ意識が向いていないかもしれません。

ですが、インナービーイングは、新しい理想の恋人にすぐに思考を向けているので、ボルテックスには望む恋人がすでに用意されています。

理想の恋人として現れるのは、まったく違う人かもしれませんし、別れた相手が理想の姿で戻ってくるかもしれません。

どちらにせよ、あなたにとってはこの人こそ理想のパートナーだと感じられるでしょう。

その新しい恋人を引き寄せるためには、あなたは恋人に振られてしまったことから気をそらさなければなりません。

気分が悪いままでは、ボルテックスの波動とマッチすることができないからです。

創造におけるあなたの最も重要な仕事は、ボルテックスの波動とマッチした状態でいることです。

あなたの波動がボルテックスの波動とマッチしているとき、あなたはポジティブな感情になります。

その気分がいい状態をキープするだけで、願いは満足いくかたちで自然に展開していきます。

先ほどの例でいえば、あなたは新しい理想の恋人と出会うことができるでしょう。

以上が、創造の流れのすべてです。

あなたは、生きているだけで新しい願いを放っていき（ステップ1）、その願いを聞いたインナービーイングが創造のパワーを使ってボルテックスの中にそれを用意し（ステップ2）、願望と波動を合わせたポジティブな気持ちのあなたが、インナービーイングのサポートを受けながら願いが叶っていくのを楽しく味わいます（ステップ3）。

ステップ1、2までで願望実現の準備は完了するので、あとは気分がいい状態でいるのがあなたの仕事だということです。

あなたの仕事はリラックスすることです。

くつろぐことですべての願いが自然に展開していきます。

なぜなら、あなたが願ったことは自動的に叶うようにすでに用意されて待っているからです。

あとは、よいアイデアを受け取れる波動でいること、すなわちリラックスすることで願いはすべて自然に叶っていきます。

創造の流れの全体像を知っていると、ひたすらポジティブな気分でできるだけいるように心がけることが大切だとわかるでしょう。

ポジティブな気持ちでいることがステップ3を実践することであり、あなたの唯一の仕事なのです。

よい気分でいることで願いが叶うことがわかると、創造のさらなるステップが見えてきます。

これは創造のマスターレベルです。

ステップ4：ステップ3を習得する
ステップ5：ステップ1を歓迎する

創造の仕組みを知ったあなたは、できるだけよい気分でいることに意識的に取り組むようになります。

すると、あなたはやがて意図的にポジティブな感情でいることによってボルテックスの波動とマッチした状態になり、その結果として願望を受け取るというプロセスを完全に習得するでしょう。

あなたにとって受け取ることはたまたまの出来事ではありません。**あなたは創造者として自分の波動を安定的にコントロールできるようになります。**

これが**ステップ4**です。

ステップ4の境地にたどり着いたあなたは、願いを生むきっかけとなる望まない体験や多様なものに対して、これまでとは違う態度を取るようになります。

たとえ望まないことを体験してバランスを一時的に崩したとしても、創造の全体像を忘れずにいられるようになるのです。

望まないことを体験すれば、そのおかげで明確になった望むことがボルテックスに加わることがわかっているので、落ち込まないでいられます。

価値ある創造の最初のステップが完了したのだ、という見方ができるのです。

そうなると、望むことと望まないことのコントラストは、豊かな多様性であるという見方も生まれるでしょう。

この世界にあるバラエティーは、創造のマスターにとっては豊かな価値あるものです。

創造のマスターは、望まないことと望むことが明確になるステップ1は、人生がさらに拡大するきっかけとなる価値のあるものだということを忘れることはありません。

ネガティブな気持ちになっても、思考を調整すれば、再び気分がよくなることもわかっています。

そして、気分がよくなれば、新しく生まれた願いをまたボルテックスから受け取っていく楽しみを味わえることも知っています。

これが**ステップ5**です。

マスターレベルの創造のステップをまとめておきましょう。

ステップ1：求める
ステップ2：与えられる
ステップ3：受け取る
ステップ4：ステップ3を習得する
ステップ5：ステップ1を歓迎する

ステップ3〜5があなたの役割であり、ポジティブな気持ちでできるだけいることがあなたの仕事なのだと覚えておいてください。

願望を明確にしなくていい

あなたは映画の脚本家のように、自分が観たいと思う最高の物語をボルテックスの中にすでに書いています。

すでに書いている、というところが重要なポイントです。

あなたがこれから人生という映画館で観たい映画はすでに創造されているのです。

あとは、自分の好きなタイミングで席に着いて、上映されるのを楽しむだけです。

しかし、ほとんどの人は、すでに観たい映画が人生で上映されていることに気づいていません。

ボルテックスの中に、理想の脚本がすでに書き込まれていることを知らないのです。

それゆえに、願いを叶えるためには自分でこれから脚本を書いていく必要があると思っています。

それはまるで、映画館に来て、すでに目の前で上映が始まっているのに、席でパソコンを開いて、脚本を書こうとしているようなものです。

すでに目の前に自分が観たかった最高のストーリーが始まっているのにもかかわらず、顔を伏せてパソコンの画面をじっと見つめている状態です。

あなたはすでに自分にとっての最高の脚本を書き終えています。

あとは、それが上映されている映画館の席に座ること、つまり、願いの波動で振動しているボルテックスの波動とマッチすることで、目の前に最高のストーリーが展開していきます。

望むストーリーの脚本を書き終えるのは、自分が望みを打ち上げた瞬間だということに、ほとんどの人は気づいていません。

あなたが望む映画を創造するのは、望まないことを体験した瞬間です。その瞬間に、あなたにとっての望むストーリーが明確になるからです。

あなたのその新しい望みを聞いたインナービーイングが、即座にそのストーリーの展開を波動の現実に用意します。

「これが新しい望みだ」とわかった瞬間に、あなたは新しい脚本を書き終えているのです。

あとは、人生という映画館の中で、自分が書いた理想のストーリーが展開していくのをくつろぎながら鑑賞するのが、脚本家としてのあなたの役割です。

映画がとっくに始まっているというのに、スクリーンに映った役者にいまさら指示を出す脚本家はいないでしょう。

もうあなたは脚本家としての仕事を終えたのです。

あとは望む通りに進んでいくストーリーを席に座って楽しめばいいだけです。

創造のステップ1において、あなたは望まないことを経験することで望むものを自然に明確にしています。

それが人生の脚本を書く瞬間です。

ここで望む映画のストーリーは完成します。

つまり、あなたが達成したい目標も、あなたが叶えたい願望も生きているだけですでに明確になっていっているのです。

それゆえに、あなたは目標を立てる必要もなければ、願望をいまさら明確にする必要もありません。

すでに目標は立てられており、願望も明確になっているからです。

さらには、スケジュールさえも組み立てる必要はありません。

明確になった願望が展開していく流れも、インナービーイングによってすでにスケジュールが考えられているからです。

あなたが望まないことを経験しただけで、インナービーイングには望むことが正確に伝わります。

すると、インナービーイングはその目標、願望をボルテックスの中に用意します。

あとは、ボルテックスに入った望むものが展開していくのをあなたが楽しく鑑賞するだけです。

これがわかれば、わざわざ目標を立てなくてもそれは自然に達成されるし、叶えたい願望をわざわざ明確にしなくても、その願いは細部まで展開していくことが信頼できるでしょう。

できるだけ幸せでいる

創造の全体像が明確に思い出されていくにしたがって、あなたは自分自身にとって最も大切な仕事に集中しやすくなっていくでしょう。

その仕事とは、気分よく、くつろいでいることです。

気分よく過ごしていると、宇宙によってすでに組まれた楽しいスケジュールを直感というかたちで受け取ることができます。

願望が叶うまでのスケジュールは、本来、自分で考えて組み立てるものではなく、広い視野で見ているインナービーイングが組み立ててくれるものなのです。

インナービーイングがその広い視野であなたのために組んでくれたスケジュールを楽しむのが、もともとのあなたの役割です。

ですが、ほとんどの人は、自分の狭い視野でスケジュールを組んだり、願望実現のための計画を立てたりするので、不必要な苦労をしています。

インナービーイングは、最も抵抗が少なく、最も満足できる道を案内してくれますが、ほとんどの人は難しい道を通って苦しんでいるのです。

人生を楽しむためには、物質世界のあなたと、非物質世界のインナービーイングの役割分担を正確に知っておくことが大切です。

まず、あなたが願いを放ちます。

次に、その願いを聞いたインナービーイングが、まるで空にいるコンシェルジュのように、その願いが叶うようにすぐに手配してくれます。

よって、目標も願望も、わざわざ伝え直さなくてもいいのです。

すでに全部、わかってくれているのですから。


あなたが目標を立てなくても、願望をノートに書き出さなくても、あなたが願っていることはすべて伝わっています。

生きているだけで、あなたのことをわかってくれているのです。

あなたの好みも、あなたの願いも、インナービーイングはすべてわかってくれています。

ですから、願いを伝えることはあなたの仕事ではありません。

目標を立てることも必要ありません。

全部、わかってくれています。

あなたの仕事は、ゆったりとくつろいでいることなのです。

リラックスすると、あなたは宇宙が組んでくれたスケジュールを直感として受け取り始めます。

アイデアとしてインナービーイングから受け取ったスケジュールはカレンダーに書き込んでもいいでしょう。

しかし、スケジュール帳を埋めている約束のほとんどがインナービーイングと調和していない状態で書き込まれたものである人も多いです。

あなたが新しく願望を持つたびに、それが叶っていくスケジュールが組まれていき、すぐさまそれが叶っていくという流れの中にあなたは入ります。

あとは、まるでカヌーに乗って川下りを楽しむように、流れに身を任せるだけで自然と願いは叶っていきます。

楽しみながら川を下っていった先に願望実現が待っているのです。

あなたの願いが叶うことは、本来、それほど自然なことです。

あなたが新しい願いを持つたびに、それが叶うまでのスケジュールがインナービーイングによって見事に組まれていきます。

スケジュールを計画と言い換えてもいいでしょう。

ほとんどの人は、目標や願望を持つと、すぐに計画を立てようとします。

ですが、計画は立てるものではなく、本来は受け取るものです。

あなたが何かを願えば、それが叶うようにインナービーイングによって計画が立てられます。

その計画を受け取るのが本来のあなたの役割だということです。

スケジュールも、計画も、あなたが受け取るべきものです。

ですが、ほとんどの人は自分の頭で考えてスケジュールを組んだり、計画を立てたりします。

そして、そのスケジュールを守るために自分に行動させたり、計画通りにいくように行動でなんとかしようとするのです。


ここで、行動には2種類あることがわかります。


一つは、インスパイアされた行動。

もう一つは、モチベートされた行動です。


インスパイアされた行動とは、直感（インスピレーション）をインナービーイングから受け取って、その衝動（インパルス）に基づいて動くことです。

これは努力している感じがしない、ポジティブな感覚の行動です。

一方、モチベートされた行動とは、自分の頭で考えたスケジュールや計画をこなすためにやるべきことをやることです。

これは努力している感じがする、ネガティブな感覚の行動です。「やりたい」と内側から湧いてくる衝動ではなく、やらなければならない、やるべきであるというモチベーションに駆り立てられる行動です。

インナービーイングからインスピレーションを受けて行動すると、川の流れに乗るように自然に、楽しい展開とともに願いが叶っていきます。

しかし、自分の頭で考えた計画をこなすためというモチベーションで動いていると、まるで川の流れに逆らってオールを漕ぐように苦労を感じることになります。行動に対する結果も、インスピレーションに従う場合に比べて、非常に乏しいものになるでしょう。

インナービーイングは、願いが最も満足するかたちで、最も抵抗なく叶うルートを知っています。

ですから、今あなたがいる場所から願いが叶う場所へと、インスピレーションを通して、一歩一歩導いてくれるのです。

それは具体的なアクションとして、あなたの内側に「これがやりたい」という感覚として伝わってきます。

例えば、「あの人に電話しよう」「あの店に行ってみよう」などというアイデアとしてインナービーイングから衝動が送られてきます。

そのアイデアに従っていくと、点と点がつながり、願いが満足するかたちで実現するのを目にすることができます。

これが本来、あなたが従うべき衝動です。


ほとんどの人は、インナービーイングの存在に気づいていないので、すべてを自分の頭で考えようとしてしまいます。

そして、願いが叶うまでのルートを自分の頭で考えて、計画を立て、自分に行動を強いていくのです。

これがモチベーションで動いている状態です。

自分に無理やり何かをさせるのは大変で、疲れます。

しかし、その苦労に耐えながら目標をなんとか達成するほかに方法がないと思い込んでいるので、彼らはそれをやるしかないと感じます。

その結果として、願望実現と苦労が関連づけられるのです。

彼らは痛みなくして得るものはないと固く信じています。

インナービーイングにとっては、すべての願望実現が可能なだけでなく、その実現は難しいものではありません。

願ったものは、お城を作ることでも、ボタンを作ることでも難易度に差はありません。

願ったものは、なんでも用意されます。

そして、インナービーイングには、ただただその願いが叶うためのルートが見えてしまうのです。

あなたはただ、インナービーイングの導きに一つずつ従っていくだけでいいのです。

しかも、その導きは、楽しい感覚でできるものばかりです。

インナービーイングは、あなたに苦労させたりしません。

あなたが楽しみながら願いを叶えることができるように導いてくれるのです。

ですから、インスピレーションに従うのは、ひたすら楽しいプロセスです。

楽しいことをやっているだけなのに、大きな願いでもなんでも叶っていくのです。

ほとんどの人は、願いが叶うまでの満足できるルートを教えてくれる存在が誰よりもそばにいるのにもかかわらず、その声を聞かずに自分の頭で考えて一人で進んでいこうとします。

ですが、インナービーイングの導きに耳を傾けなければ、不必要に苦労することになるだけです。

なかなか願いが叶わなければ、その願望実現は不可能とまで勝手に思い込んでしまうかもしれません。

あなたに実現不可能な願いはありません。

しかし、インナービーイングの計画を受け取らずに、自分の頭だけで考えていれば、いずれはそのような結論に至ってしまうのも無理はないでしょう。

あなたがこの人生で願ったことは、なんでも叶うようにすでにインナービーイングが計画を立ててくれています。

それが叶うスケジュールはもう用意されているのです。

あとは、モチベーションで努力する道ではなく、インスピレーションに従って動いていくように切り替えればいいだけです。

願いを叶えようと無理やり行動でなんとかするのではなく、すでに叶っていて、これから現実になるのを待っている願望の展開を楽しむために、インナービーイングからインスピレーションを受け取り、その衝動に素直に従う生き方にシフトしていきましょう。

直感を受け取る

次に、ステップ3の「受け取ること」について詳しく解説します。

ポジティブな気持ちでいると、あなたは素晴らしいアイデアを受け取ります。それに素直に従えば、願いが展開していくのを楽しめるでしょう。

これがステップ3の「受け取ること」です。

この素晴らしいアイデアとは、インスピレーション（直感）です。

インスピレーションに従うことで、あなたの願いはすべて叶っていきます。

インスピレーションがきたら、それがなんであっても従うようにすることが大切です。

習慣からくる衝動は直感とは違うものなので、それを感じ分けることも大切です。

例えば、毎朝同じカフェに行くのは、習慣からくるものか、それとも毎回新鮮な直感を受け取ることで結果的に毎朝同じカフェに行っているのかは全然違う話です。

インナービーイングは、あなたが最も満足する体験ができる場所へ、最高のタイミングで導いてくれます。

習慣と直感は違うというのも、一つ参考にしてください。

インスピレーションを受け取る方法は、気分がよい状態でいることです。

すなわち、気分がよいだけで、願いは自然に叶っていきます。

これがこの世界の仕組みです。

あなたには起きている間中、インスピレーションが届いています。

好きなだけそれを受け取って、人生を楽しむのがあなたの役割です。

ですから、なるべくスケジュールを減らして、例えば出勤するタイミングなども直感に従うようにすることをおすすめします。

どんなタイミングで家を出るのか、というような細かいところにも直感を活用すると、スムーズな移動が体験できるはずです。

時間に追われながら焦って出かけることとの違いを知っておいてください。

あなたが生きているうちに何かを願ったら、それが叶っていくのを楽しむためのインスピレーションがインナービーイングから送られてきます。

あなたは、常にインナービーイングからサポートされているのです。

インナービーイングには、あなたが今いる場所から願いが叶う場所に向かうまでのルートが見えています。

なので、まるで車のナビゲーションのように、次のアイデア、その次のアイデアというふうにあなたを導いてくれるのです。

「これがやりたい」という感覚として、あなたにはアイデアが届きます。

インスピレーションがあなたに届く条件は、ポジティブな感情でいることです。

感情のスケールで説明すると、1〜7番目の感情です。

ポジティブな感情は、あなたがボルテックスの波動とマッチしていることを示しています。

ボルテックスの波動とマッチしている状態でいると、インナービーイングから送られてくるインスピレーションが感じ取れます。

ですから、ポジティブな感情でいれば、インスピレーションが届いて、それに従っているうちにどんな願いも叶っていくのです。

嫌な予感の意味

直感と混同されやすい感覚が「嫌な予感」です。

これをインナービーイングから受け取ったメッセージだと勘違いする人もいます。


嫌な予感は、ネガティブな感情です。

つまり、その瞬間のあなたはインナービーイングとマッチしないことを考えていて、波動が不調和な状態であることがわかります。

嫌な予感を感じている不調和な状態から生まれた衝動に従うというモチベーションで動きながら、自分はインスピレーションに従って動いているのだと思い込む人もいます。

嫌な予感は、ネガティブなことが未来で起こるという予想をしているときに感じる感覚です。言い換えると、ネガティブな期待をしている状態です。

インナービーイングはよい予想しかしていないので、あなたが嫌なことを予想しながら嫌な予感を感じているときの波動は、インナービーイングと調和していません。

嫌な出来事が起きそうだなと考えると、その波動があなたの中で活性化します。すると、引き寄せの法則によって嫌な出来事が引き寄せられるので、嫌な予感は当たります。

予感が当たったというよりも、嫌なことを自分で創造したのです。

その結果、予感が当たったと解釈し、嫌な予感を信じる癖がついていきます。

この癖がつくと、例えば、勝手に人のことを疑って、その疑いの感情から生まれる衝動に従って行動して関係を台無しにする習慣を持つようになることもあります。

他にも、嫌な予感に従って勝手に自分の夢を自分で諦める人もいます。


ですが、実際は、勝手にネガティブな期待をしなければ、その人と幸せな関係を築けて、素晴らしい体験ができていたということもあるのです。

このように、嫌な予感を感じている状態を間違って解釈してしまうと、実現するはずだった素晴らしい未来を自ら勝手に台無しにしてしまうようになるので、嫌な予感が意味することを正しく理解することが大切です。


嫌な予感に気づいたときは、意図的によい予感に変換することが大切です。

もし自分の嫌な予感に気づきながら何もしないなら、あなたは自分の感情をうまく活用できていないことになります。


嫌な予感という感情は、あなたが未来に対してネガティブな思考を向けていることを教えてくれているものです。

それに気づいたら、自分が望んでいることを考えるようにしましょう。

ポジティブな期待が持てるようになれば、そのよい予感が当たり始めます。

これが意図的な創造です。


予感は当たります。

しかし、その予感は創造者であるあなたが変えられるものです。

自分が望むように期待してください。

あなたは予感を選ぶことができます。

すでに実現しているという意識はいらない

ポジティブな波動の雰囲気は、すべての願いを展開させていってくれる状態です。

あなたの雰囲気さえよければ、引き寄せの法則によって、すでに実現の準備が整っているものがどんどんあなたの現実の中にやってきます。

なので、今どんな状況であっても、それに関係なくそのポジティブな雰囲気を自分で作ることが大切です。

現実に望まないものがあったとしても、それを気にすることなく自分の気持ちを整えることは誰にでもできます。

現実がどうであれ、目の前の人がどうであれ、あなたは自分がフォーカスを向けるものを意識的に選ぶことで、インナービーイングと調和することができるのです。

あなたは条件とは関係なく自分の雰囲気を明るくすることができます。

自分の雰囲気がよくなると、望むことが自然に起きていきます。

ですから、実は目の前の現実がどうであっても自分の雰囲気を自分で作ることができることにさえ気づけたら、誰でも好きな現実を創造していくことができるのです。

ポジティブな感情でいる最も簡単な方法の一つは、あなたがフォーカスするだけでポジティブな気持ちになるものに目を向けることです。

例えば、ペットのことを考えるだけでポジティブな感情になれるなら、それだけですべての願いが展開していく準備が整います。

多くの人は、いい気分でいることにそれほどの力があることに気づいていません。

なので、何か願っていることがあると、その特定の願いが叶ったときのイメージをする必要があるなどと思い込んでいることもあります。

しかし、あなたが願望の展開を可能にする具体的なインスピレーションを受け取るための条件は、シンプルに「気分がいいこと」だけです。

雰囲気さえよければ、あなたにはインナービーイングからの導きが届きます。

本当はそれだけのことなのですが、いろいろと余計なものを付け足して、願いを叶えるためには他にも何かやる必要があると思い込んでいる人は多いです。

「願いがすでに実現しているという意識」も必要ではありません。

例えば、すでにお金持ちであるという意識がお金持ちになるために必要とされているわけではないのです。

もちろん、その意識が持てれば役には立ちますが、叶っていないことについてそれがすでに実現しているという意識を持つことはなかなか難しいことでしょう。

そうすることが必ず必要だと思い込んでしまうと、無駄に困難を体験することになり、挫折してしまう人が続出するだろうと簡単に予想できます。

「すでに実現しているという意識を持つ」と、言葉で表すのはかっこいいかもしれませんが、もっと楽に願望は実現させることができます。

お金持ちになりたい場合は、なんらかの方法で「豊かさ」を感じるだけでお金持ちになることができます。

言い換えると、なんらかの理由でポジティブな気分になれば、お金持ちにつながる流れが展開し始めるということです。


例えば、虹を見られたときに美しいと感じれば、あなたはお金持ちになります。

これほど単純なことで願いは叶っていくのだと知っていてください。

虹を見るのが難しいというなら、朝日でも構いません。

朝起きるのが難しいなら、夕日でもいいです。

夕日が難しいなら、雲でも、空でも、海でも、山でもなんでもいいのです。

虹を見ることはお金と何も関係ありませんが、波動の視点で見れば、何かを素晴らしいと感じているあなたはお金持ちになる準備ができている状態にあります。

あなたが求めている願望実現は、そのすべてがこれから展開しようと待ち構えています。

何かに対して素晴らしいな、と感じているときは、すべての願いが展開されていくことを邪魔していない状態です。

あなたが願望実現に抵抗するのをやめた途端に、そのすべてが最も満足できる楽しいかたちで展開し始めます。

虹や空の美しさ、地球が今日も安定して軌道を保っていることなど、お金では買えない豊かさに心が満たされれば、あなたはお金持ちになっていきます。

他のどんなものでも構いません。

お金が関係ないもの、もちろんお金が関係あるもの、どんなものであっても、あなたがその素晴らしさを讃えるような豊かな気持ちになることを考えたとき、あなたは自分が求めた豊かな経済状況を受け取り始めることができます。

つまり、豊かな気持ち、いい気分を感じるものを世界の中からピックアップして、そのことについて考えるだけで、あなたはすべての願いの展開を体験していくことができるのです。

願望実現に必要なことはそれだけです。

すなわち、お金持ちになりたいという願望に、お金がすでにあるという意識は必要ないのです。

お金のことを一切考えなくてもあなたはお金持ちになれます。

これを知ることで、無理して「すでに実現しているという意識を持とう」と意気込んで、なかなかできずに自分に落胆することがなくなります。

このような無駄に難しいやり方にこだわる人は多いです。

その理由のほとんどは、インフルエンサーが難しいやり方をあたかもそれが必要であるかのように語ることが原因です。

願望実現は、とてもシンプルで簡単です。

自分のペットのことを考えているだけで、あなたには素晴らしいアイデアが次々と浮かんでくるでしょう。あなたが植物の美しさをしみじみと感じていれば、ふとした瞬間に素晴らしいアイデアが浮かんできます。


いい気分でいることができれば、その方法はなんでもいいです。

そして、いい気分でいることができれば、考える対象もなんでもいいです。必要なのは、展開しようとしている願望実現の流れを妨げないことだけだからです。


願いはどんどん叶おうとしています。

あなたがそれを邪魔しないためにできることは何でしょうか?

それは、あなたが気分よく感じることに目を向けることだけです。

それ以上のことは必要ありません。


ただただ、あなたの気分がよくなるものにフォーカスするように心がけましょう。

そのことについて考えると、すぐにポジティブな気持ちになれるようなものを見つけてみてください。

あなたの人生の中には、必ず、そのようなものが何かあるはずです。

そのたった一つのものが、あなたのすべての願いが叶う扉を開いてくれます。

たった一つでもいいのです。

その一つのものがもたらす心地よさが、あなたの願いを叶えてくれます。願望実現に必要な条件は、それほど少ないのだと知っていてください。


難しいやり方をする必要はありません。

生活の中で簡単に見つかる素晴らしい気持ちにさせてくれるもののことを考えてください。

それだけで、あなたが願っているすべてのことが叶い始めます。

豊かになる方法

あなたの願いが入っているボルテックスの中には、どのくらいの金額のお金が入っていると思いますか?

それはあなたが願った分だけ入っていて、きっと計り知れないほどです。

そのお金はあなたに向かって流れ込んできています。

そこであなたが自分自身に問うべき質問は、一つだけです。

「どれだけ長い間、自分のもとにやってくる豊かさを妨げておくのか？」

つまり、あなたの人生にどれだけのお金を流れ込ませるかは、あなたが決めることです。

こう聞くと、一体どうやってそのお金の量をコントロールすればいいのかと聞きたくなるでしょう。

そのときにこんなことをアドバイスするインフルエンサーがいます。

「何に使うお金かを明確にしましょう」

しかし、その必要はないということをはっきりと伝えておきます。

あなたが豊富なお金を手にするためにやらなければならないことは、一つしかありません。

その中に「使い道をはっきりさせる」というプロセスは含まれていないのです。

ですから「何に使うお金なのかを明確にするまでは、そのお金を手にすることはできない」というインフルエンサーの言う間違った思い込みをあなたが採用する必要はありません。

あなたがやるべきたった一つのことは、お金がもたらす波動の周波数を感じることだけです。

さらに重要なのは、必ずしもお金がもたらすフィーリング（感覚）を感じるために、お金のことを考える必要はないという点です。

お金がもたらす波動の周波数を感じる、つまり、豊かな気持ちを感じなければならない、と言われると、ほとんどの人はお金を手にした自分をイメージする必要があると解釈してしまいます。しかし、この世界には、豊かなフィーリング、自由さ、楽しさという感覚をもたらしてくれるものが、お金以外にもたくさんあります。

例えば、新鮮な空気を味わう気持ちは、お金がもたらしてくれる新鮮な気持ちと変わりません。このように、お金がかからないもので、お金と同じように豊かな気持ちを感じさせてくれるものは、あなたの日常の中にすでにたくさん溢れています。

お金では買えないような豊かさが数多くあるということです。

その溢れる豊かさを味わうことで、あなたはお金がもたらす波動の周波数を感じることができるのです。

ですから、限りないお金を受け取るためにお金を持っている自分をイメージする必要もなければ、お金について考える必要もまったくないのです。

お金を何に使いたいかを明確にする必要はありません。

溢れるほどの豊かさを感じて、溢れるほどのお金を受け取ったなら、そのお金を何か自分が満足できるものに使いたいという願望が新しく生まれます。

そうしたら、それからその新しい願望をまた叶えていけばいいのです。

使いきれないほどのお金を引き寄せてから、それをどう使いたいかを見つければいいということです。

使い道を明確にせずとも使いきれないお金がやってくるのですから、使い道を明確にしないとお金がやってこないというのは完全に間違った思い込みです。

お金の新しい使い道をいつも探している裕福な人たちはたくさんいます。

あなたが豊かな波動で振動していれば、あなたのもとには使い道に困るほどのお金が流れ込んできます。使い道に困るという体験が「有意義な使い道を見つけたい」という新しい望みを生み出してくれるので、あなたはそこから新しい願いを叶える旅を始めればいいのです。

豊かな気持ち、楽しい気持ち、自由など、お金がもたらしてくれるであろうフィーリングを感じるようにすれば、お金はあなたのもとにいくらでもやってきます。

お金を引き寄せるのにお金のことを考えないといけないわけではありません。

それは間違った思い込みです。

あなたは、お金のことを一切考えなくても、無限にお金を引き寄せることができます。

新鮮な空気を吸いに外に出かけてみてください。

そのときに感じるフレッシュな気持ちは、お金がもたらしてくれる喜びと変わらない豊かな気持ちです。

外の新鮮な空気は、無限という豊かな気持ちをもたらしてくれるでしょう。

その瞬間、あなたはお金を引き寄せる波動の周波数にマッチしています。

お金を引き寄せるのは、このくらい簡単なことなのです。


あなたがこの世界の中にあるお金がかからない豊かさをたくさん発見して、それを味わうたびに、たくさんのお金が流れてくる勢いが増していきます。

その豊かなフィーリングの感じやすさは時間とともに上がっていくでしょう。

引き寄せの法則によって、あなたが感じていることを強化するものがさらに引き寄せられてくるからです。そうなると、あなたはますますこの世界に存在する豊かさを見つけやすくなります。

見つければ見つけるほど、この世界の豊かさが他にも簡単に目につくようになるのです。

あなたの心は豊かな感覚で溢れます。

あなたが豊かな気持ちを感じれば、お金も豊富に流れ込んできます。

お金をもっと望むときの状況は、当然ながらお金が足りないときです。

その現実の中でお金があるという感覚を感じるのは、とても難しいことだと思います。

目の前にはお金がない、お金が足りない、好きなことが自由にできないという現状があるのですから、無理もありません。


安心してほしいのですが、お金を引き寄せるためにお金のことを考える必要はありません。

ですから、ぜひ、お金のことを忘れてください。

お金以外のことでたくさん豊かさを感じれば、経済的な状況も改善するのだということを知っていてください。

お金持ちになるのにお金を持っている必要はありません。

日常の中にある豊かさ、自由、楽しさを見つけることだけで十分です。

それは、あなたがお金を豊富に手にしたときに感じる感覚と何も変わりません。

あなたがお金を望んだなら、その分だけのお金があなたのもとに流れてきています。

もし、あなたが豊かなフィーリングを感じることができれば、そのお金を好きなだけ受け取ることができるでしょう。

あなたが自由を感じるものは何ですか？
あなたが楽しさを感じるものは何でしょう？
あなたが無限にあると感じるものはありますか？

お金のことは考えなくてもいいのです。

あなたはただ、すでにやってこようとしているお金を受け取る波動を見つければいいだけです。

その方法は、日常にすでにある素晴らしい気持ちにさせてくれるものに目を向けることです。

そのときに感じる豊かな気持ちが、あなたをお金持ちにしてくれます。

お金のことを何も考えなくてもお金を引き寄せることができるということを忘れないでください。

第4章

すでに癒やされた存在としてくつろぐ

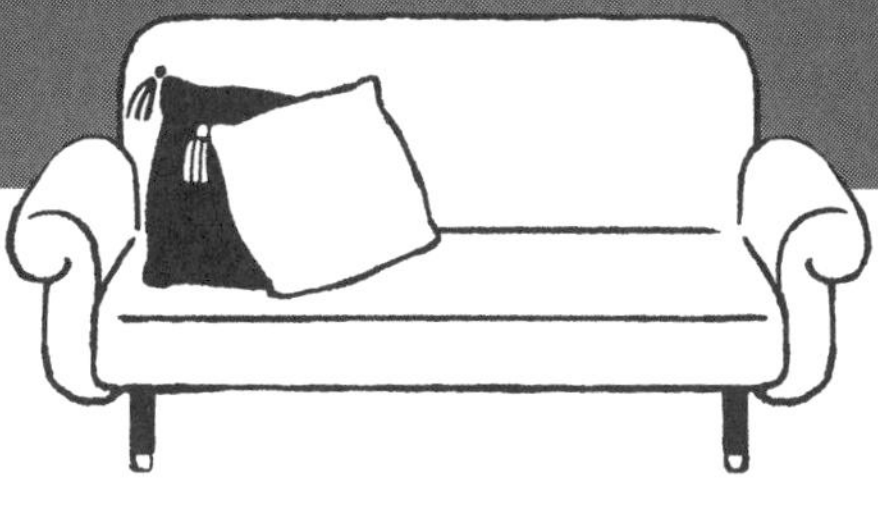

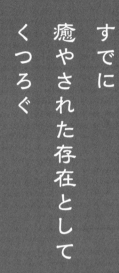

トラウマは思い出さなくていい

あなたが友人と二人で一緒に、ハイキングを楽しみに山に遊びにやってきたとします。

ロープウェイを降りると、素晴らしい光景が広がっています。

そこからハイキングコースを歩いていこうとすると、突然立ち止まった友人がこう言います。

「まずは、ここに穴を掘りましょう！」

友人は、リュックの中からスコップを取り出し、その場で地面に穴を掘り始めました。

「え？　何やってるの？　今日はハイキングを楽しみに来たのに、なぜ穴を掘る必要があるの？」

友人は答えます。

「そこに、土があるからよ」

謎の答えに戸惑うあなたは、友人が懸命に穴を掘る姿を見つめながら、その場に立ち尽くします。

時が過ぎて夕日が沈む頃、友人は満足そうな表情で、やっと顔を上げてくれました。

「そろそろいいわね」

友人は、深く掘った穴の中に入り、すっぽりと全身を収めてから叫びます。

「助けて〜！」

友人の叫び声を聞いたあなたはすぐに手を差し出しますが、バランスを崩してあなたも一緒に穴の中に落ちてしまいました。

「た、助けて〜！」

あなたも友人と一緒に叫びます。

すると、いかにも登山に慣れたたくましい男性が助けに来てくれました。

「ふう〜、これでハイキングが心置きなく楽しめるわ」

友人はスッキリした顔をしています。

あなたは尋ねます。

「でも、なぜハイキングを楽しみに来たのに、日が暮れるまで穴を掘ってから、自分でまずその穴に入る必要があったの？」

友人は答えます。

「そこに、土があるからよ」

友人はさっきと同じ謎の答えを残し、何事もなかったかのように歩いていきましたとさ。

このよくわからないストーリーは、実は多くの人がやりがちなトラウマとの間違った向き合い方を物語っています。

ハイキングを楽しみに来たのに穴を掘り始め、そこに入って悲しみを感じてから穴から出てきて、やっとハイキングを楽しむことができる、という謎のルーティンを持つ友人が登場しましたね。

穴を掘るという不必要な工程も、友人の思い込みの中では不可欠なものとなっていたのです。

それに付き合うあなたも、一緒に穴の中に落ちて、苦しむことになりました。

嫌な記憶やトラウマを思い出してしまうという悩みがあるときに、多くの人がよくやりがちなのが過去の出来事を振り返ることです。

セラピーを受けに行ったり、親子のトラウマに関する本などを読んだりすると、必ずといっていいほど「嫌な出来事を思い出すこと」がまるで必須科目であるかのように要求されます。

そんな専門家に溢れた世の中なので、嫌な記憶やトラウマをなくすには、過去を思い出す必要があると思い込んでいる人は非常に多いです。

これはハイキングが目的で遊びに来たのに、地面に穴を掘らないといけないと思い込んでいるのと変わりません。

人生は喜びが目的です。

過去に体験した嫌な出来事を何度も頭の中で味わうのが人生の目的ではないのです。

この「過去の出来事を思い出す」ということがトラウマを長引かせていることに、セラピストも著者もあまり気づいていません。

彼ら専門家のセラピーを受けたり、本を読んだりしている人たちも、その間違った対処法を信じてしまいます。

どこに行っても、どんな本を読んでも、やはり最初に「過去の出来事を思い出すこと」が要求されるのですから、当然そうなりますよね。

しかし、それはまるで、ハイキングを楽しみに来たのに、まずは穴を掘ってからそこに入る必要があると思い込んでいる、あの友人と同じ考え方なのです。

心は便秘にならない

過去を振り返って、それに対して何かをしないとトラウマは解消されないというのは間違った思い込みです。

そこから派生する誤解の一つに「心の便秘」という考え方があります。

心の便秘とは「嫌な出来事があったときに、それを心の奥底にしまい込んでまるで何事もなかったかのようにすると、心の中に溜まってしまう」という考え方ですが、これは間違っています。

心の便秘を手でつかんで取り除く必要があるというこの考えは、トラウマをなくすために過去の出来事を思い出すという間違ったアプローチにつながります。

誤解をベースにしたセラピーを受けたり、本を読みながらワークをしたりすると、引き寄せの法則によって、似たような嫌な出来事が他にも思い出されてきます。嫌な記憶を思い出すことで、その波動が活性化し、あなたの引き寄せのポイントになるからです。

過去の出来事を思い出すことで、それに似た感情をもたらす思考や記憶が引き寄せの法則によって集まってきます。

すると、現在の人生にも同じような出来事が起こってくるので、本人は「まだワークが足りない、まだセラピーを受ける必要がある」と、ますます過去に対する執着を深めていきます。

セラピーを受け、ワークをするたびに過去の嫌な出来事と似たような波動が活性化され、現在の人生に同じような出来事が起きて新しいトラウマが生まれるので、さらにセラピーやワークを繰り返す必要性を本人は感じます。

本人は、解消できたトラウマが増えていっているのだと達成感さえも感じるかもしれません。

ですが、実際はそのトラウマの沼にはまっているだけです。

こうやって嫌な出来事を思い出すことがルーティンになっていき、やがてハイキングで当たり前のように穴掘りをし始める友人のようになってしまいますが、本人は自分が適切なことをしていると信じています。

脳は記憶の保管場所ではない

記憶は、脳の中に存在するものではありません。

あなたの脳は、記憶を保存しておく貯蔵庫ではないのです。


脳とは、波動の送受信器であり、フォーカスメカニズムを持つものです。

脳がフォーカスを合わせて思考を受け取るため、まるで脳の中に思考が保存されているように思えますが、実は脳には思考（記憶）は保存されていません。

記憶とは、あなたが脳でフォーカスを合わせることに慣れている思考にすぎません。


脳の中には記憶はありませんが、身体の中の脳に記憶が保存されていると考えてしまうと、それを身体の中から外に出さなければならないという思い込みにつながっていきます。

ここから派生して心の便秘という思い込みが生まれました。

それと似たようなものが「ネガティブな感情をしっかり感じないで無視すると、肉体に未消化の感情として残る」という間違った思い込みです。

未消化の感情なんてない

「感情を感じないで無視すると肉体に残る」という考え方は間違いです。

肉体には何も残りません。

肉体には感情を保持する機能がありません。

例えば、誰かに嫌なことを言われてネガティブな気持ちになったとします。

もしそこで、ネガティブな気持ちをしっかりと感じていたら、もっと嫌な気持ちになるような思考に勢いがつくだけです。

そうなると、そこから気をそらすことはなかなか難しくなるでしょう。

なぜなら、似たような思考が引き寄せの法則でどんどん頭の中に飛び込んでくるからです。

ネガティブな気持ちを感じたら、できるだけ素早くフォーカスを変えることが大事です。

にもかかわらず、無視すると未消化で残ると言われたことで、しっかり感じようとしてしまう癖を持つ人が出てきます。

例えば、ペットの写真を見て気をそらそうとすることに罪悪感さえ感じる可能性もあります。

ネガティブな気持ちを感じきらないとダメだと教わったからです。

ネガティブな気持ちを素早く切り替えるのは賢いことですが、本人はダメなことだと学んでしまっています。

本当は、少しでも嫌な気持ちを感じたら、素早く思考を変えること、つまり、嫌な気持ちになった思考から気をそらすことが重要です。

感情には、感じれば消化される（消える）というような性質はありません。

感じ続けることでそれに慣れすぎてしまって、その感覚に鈍感になっているだけです。

不幸があまりにも長引けば、それが普通の感覚になるので不幸だとは気づかないようなものです。


この勘違いを発端に、トラウマへの不適切なアプローチ方法が考案され、嫌な出来事の引き寄せが多くの人の人生で慢性化しています。

その結果、何十年も同じ過去の出来事の記憶が頭の中から離れないことで苦しむ人がたくさんいます。

そして、今もなお「過去の出来事を思い出して、しっかり嫌な気持ちを感じきりましょう」という教えが巷には溢れています。


あなたが悩み続ければ、セラピストたちはいろいろな意味でやりがいを感じられるかもしれません。

本人は役に立っていると思い込んでいるのですから、天職とさえ感じている可能性もあります。

しかし、脳の中にも、肉体にも、あなたを苦しめる未消化なトラウマは存在しません。

あなたが嫌な記憶を思い出してしまうのは、脳を使って、その出来事の思考に繰り返しアクセスしているからです。

それは肉体の中から出てきているものではありません。


思考というのは、肉体ではなく、場所ではない場所に存在しています。

つまり、目に見えない非物質世界にあるのです。

その場所ではない場所にある思考は、あなたの脳のフォーカスメカニズムを使うことによって見えない世界からあなたに届きます。


これまで考えられてきた思考は消えることなくすべて存在し続けています。

一度考えられた思考というのは、永遠に消えることなく、場所ではない場所に残り続けるのです。

このことから、嫌な記憶の思考というのも、永遠に消えることがないことがわかります。

永遠に消えることがない思考に対して、それを消そう、消化しよう、というのは間違ったアプローチの仕方です。

消えることがない思考への正しいアプローチは、それにアクセスするのをやめるこ

とだけです。

ですが、ほとんどの人は、すべての思考が永遠に残り続けることを知らないので、どうやったらその記憶の思考を消すことができるのかと試行錯誤するわけです。

ある記憶を消すためにそれをまず見つけようとするので、その嫌な記憶の思考にますますフォーカスがいってしまい、またそれが活性化します。

活性化した嫌な記憶の思考は、さらにたやすくアクセスできるようになるので、ますます簡単に詳細に思い出せるようになってしまいます。

こうして引き寄せの法則を無視した間違ったアプローチによって、問題が長引くのです。

まずは、脳の中にも、肉体にも、何もトラウマは残っていないことを理解することが大切です。

頭に浮かぶ嫌な記憶は、脳を使ってフォーカスすることでその波動が活性化し、その波動にマッチした思考を引き寄せているだけだと理解してください。

インナーチャイルドは存在しない

自分の中にインナーチャイルドがいる、というのも間違った思い込みです。

インナーチャイルドというのは、癒やされていない子どもの自分が内側に存在するという考え方です。

あなたの中には誰も泣いている存在はいません。

あなたが嫌な気持ちになるのは、インナーチャイルドのせいではなくて、あなたが脳を使って、同じ嫌な記憶にアクセスし続けているからです。

嫌な記憶が繰り返し頭に浮かんでくると、人はインナーチャイルドが自分の中にいて、癒やされていないからだ、と思い込むことがあります。

単純に、引き寄せの法則によって、考えていることと似たような波動を持つ記憶(思考)がやってきているだけです。

それが現在の引き寄せポイントになるので、同じような気持ちになる出来事を今の人生にも引き寄せ続けることになります。

その引き寄せられた現実を見た本人は、インナーチャイルドが癒やされていないからだと間違って解釈し、再び過去を思い出すワークを繰り返すという永遠に終わらないループに入っていきます。

インナーチャイルドを信じていると、子どものときの悲しかった記憶を思い出して、それを癒やそうとしたりしがちですが、それも過去のトラウマの波動を今の引き寄せポイントにしてしまうことになるだけです。


あなたの内側で泣いている存在はいません。

だから、もうなぐさめなくていいのです。

今の自分に何度も苦しかったことを思い出させないようにしてあげることのほうが、あなたが配慮すべきことです。


なぜ、過去を思い出して現在のあなたまで苦しむ必要があるのでしょうか?

今のあなたを平穏な気持ちにさせてあげられるのは、今のあなただけです。

今の脳を使ってどこにフォーカスを向け、どんな引き寄せをするのかを選べるのは、今のあなただけです。

フォーカスさえ変えることができれば、波動が変わるので、過去の嫌な出来事の記憶を受信する波動とは一致しなくなります。

あなたが取り組むべきことは、それだけです。

トラウマは、抑圧するのが正解

これまでに考えられた思考は、永遠に場所ではない場所、つまり、見えない次元に残り続けます。

なぜなら、この世界は「加えること」をベースに成り立っているので、何かを「除外する」ということは起こらないからです。


一度生まれた思考は、存在し続けます。

この大前提があると、トラウマとの向き合い方もはっきりします。


嫌な記憶は、見えない次元に残り続けます。

ですから、それを自分の人生からなくす方法は、そこにフォーカスしないことだけです。

フォーカスしなければ、その波動は徐々に活性化しなくなるので、あなたの頭の中に思い浮かぶことはなくなります。

脳がその波動を活性化させなくなるので、その嫌な記憶を受信しなくなるからです。こう考えると、トラウマは抑圧するのが正解であることがわかります。

抑圧とは、まるで何もなかったかのように生きることです。

何もなかったかのように他のことを考えて生きると、やがて嫌な記憶の波動があなたの中で非活性化状態になります。

フォーカスを向けなければ、その波動があなたの中で活性化することはなくなります。よって、トラウマの思考は見えない世界に残ったままでも、あなたの今の人生に影響することはなくなります。

これが本当に正しいトラウマの解消方法です。

ですから、嫌な過去の出来事が繰り返し思い出されて悩んでいるときの最も効果的な対処法は、別のことについて考えることです。

好きなこと、興味があることなど、いい気分になることを考えると、トラウマの波動からあなたは離れていきます。つまり、最初のストーリーではハイキングを楽しむことが本当の解決策なのです。

あのストーリーに登場した友人は、穴を掘らないとハイキングを心から楽しめないと思い込んでいました。つまり、過去を繰り返し掘り起こして、自分が入り込めるくらいの穴に落ちてからじゃないと、楽しいことができないと思い込んでいたのです。だから常にスコップをリュックの中に入れていたのです。

ですが、本当はスコップを家に置いてきて、ただただハイキングを思いっきり楽しんでいたら過去の嫌な出来事を忘れられたはずです。

嫌なことを忘れる唯一の方法は、他のことを考えることです。

トラウマは抑圧してよかったのです。

それは、正しいやり方なのです。

他のことを考えること、好きなことを考えること、自分が興味がある楽しいことを考えること、それがトラウマを解消する方法です。

トラウマを抑圧した人は、賢い人です。

その賢いやり方を自然にやっていたのです。

ですが、専門家におかしなことを教えられて、蒸し返す人がたくさんいます。

せっかく非活性化できていたことまで再活性化させるように強要されるのです。

それによってトラウマが長引いてしまい、人生で嫌な時間が不必要に続いてしまいます。

まるで何事もなかったかのように楽しいこと、好きなことをして、明るく生きてください。

それが本物のセラピーです。

エネルギーヴァンパイアは存在しない

自分のことをエンパスやHSP、繊細さんだと名乗る人がやりがちなのが、他人を見て嫌な気分になったときに相手のことをエネルギーヴァンパイアだと決めつけることです。

エネルギーヴァンパイアとは、他人のエネルギーを吸い取る人という意味ですが、実際にはあなたのエネルギーを奪い取ることができる人はこの世にはいません。

あなたのエネルギーを奪い取ることができるのは、あなた自身だけです。

正確にいうと、あなたのもとに流れているソースエネルギーとのつながりに抵抗することができるのは、あなた自身が持つ思考だけです。

あなたが選ぶ思考によって、ソースエネルギーに抵抗することもできるし、抵抗せずにそれを受け取ることもできます。

他人を見て嫌な気分になっても、あなたの思考次第で抵抗なくソースエネルギーを受け取ることができます。

これは環境においても同じです。

そもそも人が感じる感情というのは、自分自身とインナービーイングとの関係に起因するものなので、他人の波動やエネルギー状態はまったく関係がありません。

他人を見て嫌な気持ちになったことから、他人にエネルギーを奪う能力があるかのように思い込む人もいますが、実際は他人にはあなたの波動を下げたり、エネルギーを奪ったりする能力はありません。

あなたが感じる感情は、インナービーイングとの波動のギャップを示すものでしかなく、それゆえに常にあなた自身の責任です。

エネルギーヴァンパイアだと他人にレッテルを貼ってしまうことは、自分自身の思考を選ぶ責任を放棄していることになります。

それは自由にどこでも愛の波動でいることができる能力を自ら捨てているようなものです。

他人に自分のエネルギーを奪う能力があると信じることは、ネガティブな感情から抜けられない不自由さにつながります。

他人の状態次第で自分の波動が左右されるという不安定さは、まさに条件付きの愛の在り方がもたらすものです。

一方、無条件の愛が安定すると、本当の自分の波動、ソースエネルギーにほとんどの時間つながることができるので、他人の波動がどうであれ気分のよさが持続することが多くなります。

もちろん、常に幸せでいる必要はなく、コントラストに出会えば、幸せでない気持ちになるのは自然なことです。

ですが、その気持ちに気づいたら、それを自分が拡大した証拠だと判断して、なるべく早く拡大したバージョンの自分に波動を合わせることを心がければいいのです。

気分がよくなれば、そのコントラストをきっかけに進化した新しい自分に波動が追いついたことがわかります。

エネルギーヴァンパイアだと人を分類する癖を持ってしまうと、コントラストに出会って気分が下がったときに、いつも相手のせいにするようになります。

こうなると、**自分自身の波動を調整して気分を高めようとしないまま相手を悪者に**

し続けてしまうので、進化したバージョンの自分に波動が追いつくことはありません。

なので、もう一度同じような引き寄せが繰り返されることになり、さらにエネルギーヴァンパイアというレッテルを貼りたくなる人物が増えていくでしょう。

すると、ますますエネルギーヴァンパイアというレッテルを貼る判断を安易にするようになっていきます。

その結果、自分はエネルギーに敏感な体質で、人を見る目があるのだと思い込んで、人によっては霊能者を名乗り始めてしまいます。

実際は、ただ単純に人を低く評価する癖がついただけであるにもかかわらずです。

これは自分の感覚を誤信している一つの例ですね。

自分自身の波動がインナービーイングの波動と不調和であることが、ネガティブな感情の唯一の原因です。

そこに気づけると、自分の見方、視点、波動を整えることを心がけることができ、引き寄せるものを望むものに変えていくことができます。

「私は敏感です」「私は繊細です」と周りに宣言する理由は、ほとんどの場合、自分に親切にしてほしいとか、自分に気をつかってほしいと人に言いたいからです。

自分が傷つきやすいことを周りに伝えれば、自分の気分を害する他人のふるまいをさけられると思っているのです。

しかし、周りの人がそこまであなたのことを常に考えて行動をコントロールできるわけもないので、傷つきやすさをアピールして周りの行動をコントロールしようとする癖がつくと、どんどん波動が不安定になってしまいます。

相手のふるまいや態度によって波動が左右されるという条件付きの愛の在り方を身につけてしまうと、自由にどこでも安定して本当の自分につながれる能力が衰えていくからです。

自分の気分が下がったことを相手のせいにすれば、創造のスピードは遅くなるので、拡大したバージョンの自分に追いつけない不満足が長引いてしまいます。

これは環境についても同じで、環境が変わるまでは自分の波動を拡大したバージョンの自分と調和させることができないと思い込んでしまうと、その環境を経験したことから新しく生まれた願望に追いつくのが難しくなります。

一方で、自分の思考を選ぶのは自分であり、それゆえに自分の感情は自分に責任があるのだという認識を持っていると、コントラストから生まれた新しい願望に追いつくスピードが上がります。

それはとても楽しいプロセスであり、願望を生むきっかけとなったコントラストの価値もわかっている状態です。


自分の波動、感情を相手のせいにするのではなく、自分の状態の責任を自分で取れれば、あなたは自由でいられます。

それは今この瞬間何を考えるか、何にフォーカスするのかを選べる自由であり、それによって感情を選べる自由です。


相手の波動とあなたの気持ちは関係がありません。

エネルギーヴァンパイアのレッテルを貼ることを繰り返す代わりに、自分の波動を安定して愛と調和させる練習をしましょう。

そして、自分の敏感さ、繊細さを周りにアピールするのではなく、自分の感情に気づいたらそれを自分の自由意志によって意図的に変えるように心がけましょう。

そうすれば、あなたは被害者ではなく創造者として生きていくことができます。


ネガティブな気持ちを相手のせいにするのはやめましょう。

それはあなたを不自由にするだけです。
あなたの波動はあなたの責任です。
だからあなたがコントロールできます。
それに気づけば、あなたを邪魔できる人はどこにもいないことにも気づけるでしょう。

すべてがあなたの創造の糧となります。
犠牲者になることを選ばないでください。
あなたは創造者です。
自分が望まないことがわかったら、望むことに意識を向けましょう。
恨むのではなく、前に進んでください。
本当のあなたはいつも前を向いています。

―― 第5章 ――

強欲さとともにくつろぐ

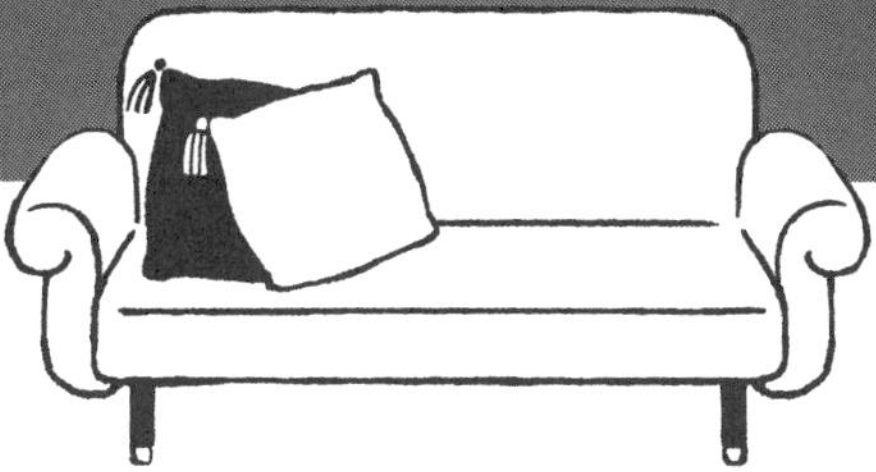

最優先すべきは現世の利益

人間の持つ願望を段階に分けることを人に教えるインフルエンサーもいますが、あなたの願望に優劣なんてありません。

自分が持つ願望のレベルに無駄に悩む必要はないのです。

もし、誰かにあなたの願望に価値判断を下されそうになっても、無視して構いません。

あなたにとって大切な願いが、あなたにとって大切な願いなのです。

地球で身体を持って生まれると、その身体で体験していくことをベースに願いが自然に生まれていきます。

その自然に生まれた願いを大切にしていると、現世の利益を優先しているとバカにする人がいますが、**あなたはそもそも現世の利益を追求するために生まれたのです。**

つまり、この身体で感じたことをもとに願望を生み出し、それが叶っていくのを楽しく味わおうと、あなたは生まれる前から意図していたのです。

魂が願っているのはエゴの願いが叶うことだけ

願望を段階分けする人は、魂の願いを勘違いしています。

魂のことをここではインナービーイングと呼びますが、インナービーイングが願っているのは、あなたの願いを叶えることだけです。

あなたがエゴ（個人的な視点）で願ったことを叶えることだけが、魂（インナービーイング）の願いなのです。

ですから「これは魂の願いで、これはエゴの願いだ」と分別することはナンセンスです。

あなたというエゴ（個人的な視点）で人生を体験し、そこから生まれた願望を叶えるのが、魂（インナービーイング）が願っていることです。

あなたが願っていることすべてをインナービーイングは叶えようとしています。

これはダメだけど、これはいい、というような願望の分別は不要です。

物質世界はスピリチュアルの最先端

魂という目に見えない部分を変に上に見てしまうことで、先ほどのような願望を段階に分けようとする考え方が出てきます。

物質がスピリチュアル的に最先端の創造であることを忘れているのです。

生まれる前のあなたはスピリット（ソースエネルギー）として、見えない世界に存在していました。

そのスピリットの延長として物質化したのが、今のあなたです。すなわち、あなたの肉体は、スピリットが物質化したスピリチュアルなものなのです。

この物質世界に存在するものは、すべてがソースエネルギーの延長であるがゆえに、すべての物質がスピリチュアルです。

この物質世界にスピリチュアルでないものはありません。

ですから「この願望は魂の願いじゃなくて、これは魂の願いだ」なんて分類は意味不明なのです。

その分類は、正しい願いと間違った願いがあるという歪んだ見方による価値判断にすぎません。

すべては魂の願いが形になったものです。

ですから、あなたの願いは、すべてスピリチュアルな願いであり、魂の願いと同じです。

願望への価値判断やその段階分けをやめたとき、素直に自分の願いを感じる感性が取り戻されてくるはずです。

この世は仮想現実ではなく普通に現実

この物質世界のすべては波動でできています。

その波動をあなたは五感を使って解釈することで、視覚、聴覚、味覚、嗅覚、触覚として味わうことができます。

波動は、現実として存在するものです。

その現実に存在する波動を、あなたは五感として味わっています。

なぜかその現実を幻想、または仮想現実だと言う人もいますが、普通に現実です。

実際に波動が存在しているからこそ、あなたはそれを五感として解釈し、感じることができているのです。


あなたがペットを見て、触って、匂いを嗅ぐことができるのは、その波動が確かにリアルなものとして存在しているからです。

目に見えない非物質世界のソースエネルギーが、こうして五感で物理的に感じられるところまで現実化した最先端の場所にあなたはいるのです。


この世界は、普通に現実です。

幻想でも仮想現実でも、ペラペラの紙のようなものでもありません。

普通に立体です。

あなたは創造者として、この三次元の物質世界の現実化に参加しています。

普通に、それを味わいましょう。

物欲こそ最高の願い

スピリチュアルを上に見る癖が身につくと、物欲という物質世界だからこそ持つことができる願いを低く見てしまうようにまでなることもあります。

物を欲しがることが、まるで低俗であるかのように判断してしまい、物欲に対して素直になれなくなるのです。

子どもの頃は素直にぬいぐるみに心をときめかせたり、おもちゃを欲しがったりしていたのが、魂を変に崇めてしまい、物欲に複雑な思いを持つようになります。

思い出してほしいのは、あなたが肉体という物質を持ちたくてこの世に生まれたことです。

そもそもあなたは物欲からこの人生を始めたのです。

物欲がなければ、あなたはこの地球に生まれてくることができていません。

よって、物欲以上に重要なものはないのです。

肉体という物質を手に入れたくて、それを味わい楽しみたいと願えたから、あなたは今ここにいるのです。

その物欲を低く見るということは、あなたの最初の願いを低く見ることと同じです。

すなわち、物欲を否定することは、まるで生まれたこと自体を罪であると思うのと同じことです。

あなたは物欲を叶えたくて生まれました。

また、この物質世界で願ったことを全部叶えて味わうために生まれたのです。

ですから、新たな物欲が生まれるたびに、あなたはこの世界に生まれたいと思ったときに感じたのと同じ喜びをまた感じるのです。

何かを欲しいと思える気持ち、その気持ちはこの世界に生まれたいと思った瞬間の気持ちと同じ気持ちです。

物欲は素晴らしいものです。

あなたはそもそも物欲があったから生まれたのです。

それを忘れないでください。

物質を欲しがることは、最もスピリチュアルなことです。

肉体という物質を欲しがることで、あなたの人生が始まったのですから。

地球の資源は無限にある

地球の資源が限られている、という間違った思い込みも、物欲を否定することの正当化に使われやすいです。

パイは限られているのだという思い込みがあるからこそ、自分が欲しがれば、他の人の分が減ってしまうと思うわけです。

ですが、パイは無限にあります。

リソースは無限にあるのです。

友人が家に遊びに来て、アップルパイをふるまうとします。

もし、アップルパイが足りなくなったら、もう一枚焼けばいいのです。

パイが足りないと感じるのは、新しいパイを焼けばいいだけだと気づいていないだけです。

資源が足りなくなることは決してありません。

ですが、新しいパイを焼かないというのなら、一時的に資源が足りないように見えるでしょう。

すべての人の物欲を叶えるだけの資源が地球には十分にあります。

もし、足りない現実を経験しているなら、それはただ、新しいパイを焼くことに目を向けようとしていないだけのことです。

すべての人の願いを満たせるだけの豊かさが地球には存在します。

そう見えないなら、それを見ようとしていないだけです。

地球の資源が枯渇することはありません。

常に新しいアイデアがやってきます。

新しいパイを焼くことを思いついた人が、そのアイデアを形にするのです。

あなたが物欲を諦めるべき理由は一つもありません。

地獄なんて存在しない

なぜ、魂の願いとエゴの願いを無理して分けようとする人がいるのかというと、その理由の一つに地獄があるという思い込みがあります。

現世の利益を優先して、魂の願いを無視すれば、あの世でひどい目にあうというわけです。

しかし、地獄は存在しません。

肉体を離れると、その瞬間にピュアでポジティブなエネルギーに戻るだけです。

この世界でのふるまい次第で地獄や幽界や冥界などの嫌な場所に無理やり連れていかれることがあると妄想しているから、普通に物欲を持つことや、自分が自然に欲しいと感じるものがあることにビクビクしてしまうのです。

地球の周りに幽界や冥界などというものは存在しません。

それらを信じているインフルエンサーはいます。

しかし、それはただの妄想です。

ですから、例えば「幽界を浄化しなければ地球はアセンションできないから天災による幽界の浄化が必要だ」なんていう恐ろしい論理も的外れです。

魂などの目に見えないものを上に見ているから、非物質世界に戻ったときに何者かに怒られないようにと媚びへつらいながら自分の素直な願望を否定してしまうようになってしまうのです。

そして「魂の課題」とやらを解決するためや、地獄に落ちないためにと気苦労を重ねながら人生を浪費してしまったりもします。

何も恐れる必要はありません。

非物質世界の存在が願っているのは、あなたが物質世界で持つ願望が叶うことだけです。

自分自身の願いが叶うのを楽しむこと以外あなたは何も求められていません。

魂には克服すべき課題もなければ、学ぶべきレッスンもありません。

あなたは人生をただ楽しむためだけに生まれたのです。

何も心配せずに、普通に願いが叶うことを楽しんでください。

日本人に生まれたのは過去世の積み上げという思い込み

過去世の行いがよかったから恵まれた環境に生まれたのだと言う人がいますが、関係ありません。あなたのこの世での行いをジャッジする存在などいないのです。

あなたが今の環境に生まれたのは、あなたが今の環境に生まれたいと思ったからです。それ以外に理由はありません。

この世に無理やり連れてこられた人はいないのです。

それぞれの意図があって、それぞれの環境に生まれています。


生まれる前のあなたは、ボルテックスの中のピュアでポジティブな場所から、生まれてくる親を選びました。

これはすべての人がそうです。

すべての人が、ボルテックスの中から親を自分で選んでいます。

すなわち、**愛の波動で振動しながら、見えない世界の自分の広い視点の明晰さを持って生まれることを決めたということです。**


ボルテックスの中にいたのなら、こんな親のもとに生まれてくることを選ぶはずがないと反論する人もいます。ですが、生まれる場所を選んだ瞬間のあなたは、完全にボルテックスの中にいる状態でした。

その瞬間ほど、本当の自分に調和している瞬間は他にはありません。

ですから、そのときの決断はすべてボルテックスの中にいるときに行われたものです。

決して混乱の中で下された決断ではありません。

完全にソースに調和した純粋で前向きなエネルギーの中の明晰さのもとで、あなたは生まれてくる場所を選んだのです。

すべての人は、見えない世界の明晰さを持った、ボルテックスの中にいる状態で、自分で両親を選んでいます。

ですから、恵まれた環境の人は過去世でこうしたからだとか、恵まれていない環境の人は過去世でこうしたからだという勝手な見方をすることは意味がありません。

日本人であることに変に優越感を持たせるような考え方には気をつけましょう。

目醒めなくていい

「地球が5次元以上に波動を上げていこうとしているから、その波動に追いつけなければ地球にはいられなくなる」

人を怖がらせるこのようなアセンション発信をするあるインフルエンサーの影響で、

強い不安を感じている人もいます。

アセンションする地球の波動に追いつけなければ、地球に生まれ変わることもできないという発言を信じてしまって、カルマの解消やネガティブな気持ちを手放すことに必死に取り組まされているのです。

2021年の冬至までに目醒めを選択しなければ、その日以降は二度とチャンスはないというストーリーに巻き込まれ、必死になってその日までにネガティブな気持ちを手放そうとした人が当時はたくさんいました。

そのインフルエンサーは、1999年には地球に隕石が落ちて、滅亡することになるという計画が進行していたけれど、人類の意識が変わったからギリギリでそうはならなかったといいます。

このような情報を信じてしまった人たちは、自分たちの意識次第で地球が滅亡することもあり得るという恐怖に基づいた責任感を持たされてしまったのです。

このストーリーの中にはたくさんの間違った思い込みが含まれています。

地球にいる間に波動を上げなければ、もう地球にいられなくなるというのがまず間違いです。

肉体を離れると、すべての人がピュアでポジティブなエネルギーと即座に同調するので、カルマなどのネガティブな何かを次の人生に持ち越す人は誰もいません。

解消すべきカルマや、ネガティブな何かをこの世界に持ち込んでいる人は誰一人いないのです。

よって、誰もがソースのピュアでポジティブなエネルギーに戻るわけですから、波動の側面において地球に追いつけずに地球に生まれてくることができなくなるという理由はどこにも見つかりません。


すべての人が例外なく、肉体を離れると同時にソースエネルギーに戻ります。

フィジカル（物質世界）とノンフィジカル（非物質世界）の中間にあるとかいう幽界という妄想上の世界を経由することもありません。

どんな人生を生きた人でも誰もがピュアでポジティブな愛の世界に即座に戻るのです。


そもそも地球が5次元にアセンションしようとしているという特殊な世界観自体が思い込みにより作られた妄想にすぎません。

「地球の波動がまだ低かった時代には、宇宙意識（言い換えるとソースの意識）につながると、あまりにも周波数が違いすぎて肉体が維持できなかった」

このような思い込みがアセンションの妄想の背景にはあります。

そもそも僕たちの肉体を通して宇宙意識、すなわちソースの意識は物質世界を味わっています。

宇宙意識は僕たちと一緒にこの物質世界を楽しんでいるのです。

そのソースの意識につながることで、なぜ肉体が維持できなくなるのでしょうか？

肉体は、ソースエネルギーが物質化したものです。

ソースエネルギーの周波数に調和しながら体験する肉体を持つことほど甘美な体験はありません。

宇宙意識（ソースの意識）につながると、とてつもなく幸福に感じるだけです。

宇宙意識に到達することで肉体を維持できなくなることは決してありません。

こうした宇宙意識に対する歪んだ認識を土台にして、アセンションというでたらめな物語が作られていることがわかります。

目醒めのゲートを必死にくぐろうとした人たちは、宇宙意識（ソースの意識）を特別な高い周波数を持つものだと思い込んでいました。

ゆえに「アセンションによって地球の波動が上がってきたから、もう特別に高い周波数の宇宙意識につながっても大丈夫、肉体を維持したまま宇宙意識につながれる」と考えているわけです。

逆にいうと「地球の波動が上がっているから、宇宙意識につながらないと置いていかれる」と焦っています。

つまり、地球の波動が低かった時代は、高い波動の宇宙意識につながると地球にはいられなくて、地球の波動が高くなるこれからの時代は、高い波動の宇宙意識につながらないと地球にはいられなくなるという論理です。

結局は、そのインフルエンサーの言う通りにして地球の波動にちょうどよく合わせておかないと、地球にはいられないというわけですね。

この思い込みによって失う安心感は非常に大きなものがあります。

「人類の意識が低かったから宇宙は隕石を落としてリセットしようとしていた」とい

う脅しの後は、地球がアセンションしようとしているからこうしないと地球にはいられなくなるという脅しが続いています。

普通に安心して地球で暮らせなくなる不安定な精神状態に追い込まれながら、インフルエンサーが提供する情報や、浄化のためのなんとかワーク、カルマ解消法などを追いかける人が続出しました。

これでそのインフルエンサーの発信に依存してしまう心理的な構造が見えたと思います。

「私の言うことを聞かなければ、地球にはいられなくなりますよ」

ざっくりまとめると、この脅しが目醒めに関する情報発信の核です。

目醒めなければ地球にいられないという恐怖に基づく発信は、表向きは愛の言葉で美しく飾られています。

なので、受け取った人たちは、そもそも隕石落下の脅しから物語が始まったことに気づかないまま美しい言葉に騙されて、宇宙意識で生きる自分になろうと健気に頑張っています。

地球にいられなくなるよ、などという脅しを使った情報発信は、人を集めやすいのです。

テレビのCMでも視聴者に恐れを感じさせることで購買意欲を高めるという手法はよく使われています。

地球にいられなくなるという脅し、それが愛の名のもとに語られたとき、僕たちがその情報を追いかけたくなる衝動に抗うのは難しいかもしれません。

しかし、知識があれば騙されることはなくなります。

地球は、あなたがソースの意識につながれば最高の気分を体験できる場所であり、それはこれまでもそうでしたし、これからも変わりません。

ソースとしてのあなたは、肉体を通してこの地球を味わいたくて、今ここにいます。

あなたは楽しむためにここに生まれました。

地球に生まれたのは、あなたが楽しみたいと思ったからです。

「どうか隕石を落下させて人類を滅亡させたりしないでください」と宇宙のご機嫌を取りに来たわけではありません。

ソースの意識はあなたが地球で味わう楽しみを一緒に味わっています。

宇宙意識とは、そんな意識です。

人類の意識をジャッジしながら、手に巨大な石を持っているような神や宇宙は存在しません。

あなたは常に宇宙意識とつながっています。

すなわち、ソースの意識とあなたはいつもつながっているのです。

地球に置いていかれる魂（ソースエネルギー）など存在しません。

安心して、地球での暮らしをソースの意識とともに楽しんでください。

輪廻転生は永遠に続く

地球を卒業することを目標に掲げて、もう二度と地球に生まれ変わらないことを、まるですごいことのように考える人がいます。

幸せな人は、そんなふうに考えることはありません。

あなたは肉体を離れると、そう時間が経たないうちにもう一度地球に飛び込んでくるでしょう。そうやって、あなたは何度も生まれ変わってきています。

「地球はこれで最後」とカッコつけて言っていた人も、すぐにまた地球に戻ってきます。

生まれ変わりを苦しいことのように思うのは、単純に、今の人生がうまくいっていないからです。

地球で生きることがまるで罰ゲームであるかのように判断して、「物欲や自然に持つようになった願望、現世での利益を低く評価する自分は悟っているから地球はこれで最後だ」なんて考えてしまうと、その先の人生がずっとつまらないものになってしまいます。

なぜなら、本当の満足とは、現世利益を追求することだからです。

現世利益、すなわち、物質世界を生きることで見つけた願望に向かって進んでいくこと以外に、あなたが満足を感じる道はありません。

ですから、地球での経験を低く評価して、卒業すべきものだと捉えている人で、心の底から幸せを感じている人はいないのです。

そのような地球をさげすむ見方に影響されないように気をつけましょう。

あなたはこの素晴らしい地球に何度でも生まれ変わってきたくて、実際に生まれ変わってくるのです。

本物の悟り、覚醒

悟り、覚醒というものがあるとすれば、それはソースエネルギーとの調和です。

別の言い方をすれば、**インナービーイングと波動が調和している状態こそが、悟りであり覚醒です。**

すなわち、それは学位のように一度達成すればその後一生持てるものではなく、一時的な状態でしかありません。

ブッダやジーザスでさえも、ずっとソースと調和しているわけではありませんでした。

彼らは安定的にインナービーイングの波動と調和していたとはいえ、普通の人と同じく、時にはソースエネルギーと不調和な状態になることもあったはずです。

なぜなら、この物質世界においてコントラストを体験しない人はいないので、望まないものを見れば、それに対してネガティブな感情を持つのは当然だからです。

悟りや覚醒を学位のように誤って捉えてしまうと、特別なものに到達した人とまだ到達していない人がいるのだと勘違いしてしまいます。

そうして勘違いした自称覚醒者、自称悟りを開いた人として名乗りをあげてしまう人もいます。

「私は覚醒しました」とアピールして尊敬されようとする人がついやってしまいがちなのが、願望実現への興味を失ったという発言です。

願いが叶うことへの興味がないことが、まるで高尚なことであるかのように無欲な自分を自慢します。

これに影響されて自分も無欲になろうとする人たちもいますが、それではもともと生まれてきた目的とずれてしまいます。

あなたは「もっと、もっと」と願うことを楽しむために生まれたのです。

永遠に不満を感じられるから、あなたは永遠に拡大していく流れを楽しめるのです。

そのプロセスの喜びを味わっている人は、永遠に出てくる不満を楽しめます。

問題は、不満が生まれることではなく、流れに抵抗してプロセスを楽しめないことです。ですが、創造のプロセスを楽しめていない人は、自分の願望を諦めたり否定したりしさえすれば不満が消えると間違って思い込んでいます。

本当に大切なのは、願望を否定することではなく、流れに逆らうのをやめることです。なぜなら、苦しみの真の原因は、まだ叶っていない願望を持つことではなく、それが叶っていく流れに抵抗することだからです。

あなたの内側を引き裂くような気持ちにさせるのは、あなた自身の思考による願望への抵抗だけです。

つまり、あなたを苦しめているのは、実はあなたの思考だけなのです。

あなたが人生の中で不満を感じれば、それが望みを拡大させてくれるので、満足できる現実へと人生がすぐさま展開し始めます。

その流れに身を任せれば、あなたはこれまで味わったことのない新鮮な喜びを味わえます。

あなたはこの新しい拡大の流れを楽しむつもりだったのであって、流れに逆らいながら「私は悟りました」という痩せ我慢をするつもりでは決してなかったのです。

あなたが不満を感じなくなる日は来ません。

新たな不満が生まれることが問題なのではないのです。

不満によって生まれた新しい願望に追いつけないことだけが問題です。

不満な現状にしつこくフォーカスを向けていると、創造の流れに追いつくのが難しくなります。

その苦しさを軽減しようとして、人は無欲になろうとすることがあるのです。

それはまるで川の流れを止めようとするようなものです。

遊園地の遊具とは違って、願望の川の流れはどうあがいても止まることがありません。

あなたの選択肢は、川の流れに身を任せるか、それとも抵抗するかのどちらかです。

無欲になろうとするのは、川の流れに抵抗しながら川の下流にある願望を否定するということです。

そこには苦しみしかありません。

「無欲な自分は悟っている、覚醒したのだ」という正当化をしてしまうと、もう取り返しがつきにくくなります。

情報を発信するインフルエンサーの立場だとなおさらです。

彼らは必死に痩せ我慢をし続け、尊敬を得ようとします。

他人から得られる尊敬がその痩せ我慢で得られるなけなしの対価です。


「願望実現に興味がない私」という悟りアピールを始めてしまうと、その後の人生がワクワクときめくものになる可能性が致命的に低くなってしまいます。

本当は叶えたい願望が20、30回分の人生でやっと体験し尽くせるくらいたくさんあるとしても、「悟った自分」でいないといけなくなるので、もう後戻りすることが難しくなるのです。

無欲さ、覚醒、悟りアピールは自分を苦しめるだけです。


この世で最も苦しいことは、自分の願望に抵抗することです。

悟りアピールに突入してしまった人は、ぜひ周りの目を気にせずに前言撤回してしまいましょう。

そうしないと、残りの人生が地獄のようにつまらなくなるだけです。

地獄に落ちないようにと悟ったふりをする人は、皮肉なことにすでに自ら地獄に落ちてしまっています。

地獄があるとしたら、そこだけです。

いつからでも願望に興味を持って、その願いを叶えていくことがどれほど素晴らしい気持ちなのかを思い出すことができます。

「現世で願いを叶えることに興味がない」という発言を目にしたら、影響されないように気をつけてください。

満足する人生は、自分の願いに向かって進んでいくことにしかないので、悟りアピールに取り憑かれてしまうと、不幸まっしぐらです。

普通に、自分の願いが叶うことに純粋な興味を持ちましょう。

願望が展開していく流れに乗る喜びに勝るものはありません。

地球で楽しむだけでいい

どうふるまうべきかを知っている神様のような存在がいて、その通りにすれば価値ある人間になれるのだ、というふうに信じている人はたくさんいます。

ですが、本当に存在しているいわゆる神様というのは、あなたの価値をただただ知っている存在です。

本当の神は、あなたには価値があることを知っているので、あなたがどうふるまうと価値ある人間としての基準を満たせるか、というジャッジをしたりしません。

本当の神は、あなたの価値をただただわかっています。

神という言葉をソース（源）と言い換えると、ソースは、あなたの価値をすでに認めています。

あなたは神様のような偉大な存在に認めてもらうために生まれたのではありません。この世界にはそんな試験やオーディションはないのです。

すでに認めてもらっている状態で生まれているので、好きに生きることがあなたの役割です。

似たようなものとして、宇宙スタンダードという基準で地球にいる人をジャッジする人もいますが、そういう何かしらの基準を満たすために生まれた人は存在しません。

あなたは価値ある存在として、人生を楽しみに来ただけです。


誰もあなたのことを見張っていません。

誰もあなたのことをジャッジしていません。

そんな神はいないのです。

あなたをある基準で価値判断するような見えない意識は存在しません。

あなたを価値判断する神も、アセンデッドマスターも、宇宙意識も存在しないのです。


あなたは価値ある存在として生まれた自由な存在です。

あなたの価値はすでにソースに認められているので、誰にも何も証明する必要はありません。

あなたはこれ以上価値を加えることができないほど価値がある存在です。

それ以上に価値を自分に付け加えることは不可能なので、それは諦めてください。

あなたには、なすべきことも、なるべき姿もありません。

あなたは完全に自由です。

あなたが人生の中で望まないことや、好みではないことなどをコントラストとして体験すると、そこから生まれた新しい要求に応じて、ソースエネルギーはあなたがその願いを人生で体験できるように用意します。

それが本当の神です。

あなたが人生で体験したコントラストをもとに、あなたは願望を生み出し続けます。

それをサポートするのが、神です。

神は、あなたの願いを叶え続けます。

神はあなたをジャッジするのではなく、あなたの願いを聞き、それにただただ答えを与え続けてくれます。

あなたが解決策を求めれば、神がそれを用意します。

あなたが生まれたのは、新しい願いを生み出すためです。

そして、その創造を楽しく味わうのが人生の目的なのです。

あなたが生まれたのは、神に自分の価値を証明するためではありません。

あなたが生まれたのは、神と一緒に新たな願いを叶えていく喜びを味わうためです。

あなたの価値を神はすでに知っています。
それはまったく問題ではないのです。
それは神にとって議論の余地がありません。

あなたの価値を神であるソースは知っています。
何も証明する必要のあることはありません。
あなたは価値ある存在として、人生を楽しむために生まれたのです。
なんでも願い、なんでも叶えていいのです。
神は、何もジャッジしません。
あなたの喜びが、神の喜びなのです。

そして、神とは、あなたの本当の姿です。
だからこそ、あなたの喜びだけが神の喜びです。
あなたは神を喜ばせる必要はありません。
あなたが喜んでいるとき、神も喜んでいます。
あなたが神だからです。
あなた以上に価値がある存在は、宇宙のどこを見渡しても存在しません。

地球人としてくつろぐ

―― 第6章 ――

過去世の記憶はすべてが作り話

あなたには、過去世を思い出す能力はありません。

人は、自分が5歳のときの記憶でさえも正確に思い出すことができません。
なぜなら、今のあなたの波動があまりにも変化しているため、その波動を通して5歳の頃のことを正確にありのままに解釈することは不可能だからです。

過去の出来事を今のあなたの視点から見ると、必ず今のあなたのエネルギーのフィルターを通るので、正確に過去を思い出すことはできません。

あなたが思い出している記憶は、必ず今の波動を通して歪められてしまいます。
ですから、すべての思考は見えない世界に残りますが、その思考を解釈するあなた自身の波動がフィルターとなって、必ず違うものに変化します。
場所ではない場所である見えない世界にある思考は、あなたがそれを解釈する過程で、あなたが持つ波動、信念、思い込みに一致するように変化するのです。

このような仕組みによって、自分の5歳のときの記憶ですら正確に思い出すことができないのですから、過去世や前世などはなおさらです。

あなたには過去世の記憶を思い出す能力はありません。

では、なぜスピリチュアルインフルエンサーたちは、ドヤ顔で自分たちの過去世をまるで昨日のことのように語るのでしょうか？

それは彼らの信念の持つ波動にマッチした作り話が頭に思い浮かんでいるからです。

彼らの語る過去世の出来事は、彼らのその瞬間の信念を反映しています。

しかし、その内容が正確な情報であるわけではありません。

実は、彼らが語る物語は彼ら自身の過去世の物語であるわけではなく、その内容さえも歪められたものであり、一つも信憑性のあるものはありません。

人間には、過去世についての情報に歪みなくアクセスする能力はないのです。

彼らが過去世を真剣に語っても、それはまるで夢のようなもので、現実に起きたことであるわけではありません。

あなたが何かの夢を見たときに、それが現実だったとは思わないはずです。

あなたが眠っているときに見る夢は、あなたの波動を反映しています。

それと同じように、過去世の作り話は、その瞬間の信念、つまり思い込みの持つ波動を反映しているのです。

インフルエンサーたちの思い込みを反映した過去世を聞いて、彼らが過去世を覚えているらしいことに感心する人も多いですが、本当のところはすべて作り話です。

彼らがいくら自信満々に過去世での経験を語っても、それが事実であるわけではありません。

人間には過去世を思い出す能力もないし、過去世での出来事を追体験する能力もないからです。

この前提知識があれば、最初から彼らが語る過去世の記憶を真に受けることもないでしょう。

しかし、多くの人は、彼らの輝かしい過去世での役割を聞いて、つい闇雲に彼らを尊敬の目で見てしまいます。

「過去世で神官として働いていました」と言われれば、その一言で一生ついていこう、と決めてしまったりする人もいます。

さらには「あなたも過去世でわたしと一緒に神の仕事をしていたんですよ、今世でも一緒に頑張りましょう」と言われれば大喜びです。

そうなると、彼らの言うことはなんでもその通りなんだと信じたくなってしまいます。

過去世で特別な役割を果たしてきたという彼らの功績に感動し、この地球での彼らの役割をできるだけ応援しようという気になるのです。

彼らが販売する商品を貯金が尽きるまで購入し、貯金が尽きれば借金をして、お金を借りられなくなれば息子のお金を使い始めるというところまでいって、息子とケンカになってからやっと我に返ります。

こうして本来の自分が持つ人生の目的から知らぬ間にずれてしまう人もいます。

皮肉なことに、本人は人生の目的を見つけたと思い込んでいます。

過去世というのは一種の魔力を持っていて、「僕は30個の過去世を覚えています」という霊能者が現れると、なぜかその人のことをすごい人だと思い込む人が日本人にはたくさんいます。

しかし、それはすべて思い込みにすぎないのです。

自分の過去世を思い出す能力は、人間にはありません。

アカシックレコードは妄想

過去から未来まですべての情報が記録されているアカシックレコードがある、ということを信じている人もいます。

しかし、過去の情報に正確にアクセスする能力を持つ人は存在しないので、そもそもアクセスできたとしても歪んだ出来事としてしか読み取ることはできません。

例えば、あたかも過去世の体験を思い出したかのように思っても、それが自分自身の過去世なのか、はたまた誰かの過去世なのか、さらには本当に起こった出来事なのかを判別することは誰にもできないのです。

ですから、自分の過去世を思い出そうとしても、思い出したと勘違いするだけです。

「あなたの過去世はこうです」とサイキックな人が教えてくれたとしても、その情報はそのサイキックリーディングをする人の波動の枠組みとも呼べるものを通して見えるものにすぎず、実際にはリーディングされたクライアントの過去世にはまったく関係ないこともあります。

この世界には誰も過去世に正確にアクセスできる人はいませんし、なんらかの出来事や光景などを思考としてサイキックな人が受け取ったとしても、それがあなたの過去世であるかどうかはわからない上に、その出来事や光景自体もサイキックリーディングする人の視点によって歪められたものです。

実際にはできないことをあたかもできると信じているのが、アカシックリーディングをしている人たちだということです。

あなたはなんでもできて、なんにでもなれますが、あなたがなりたい存在は、過去世の自分ではないはずです。

あなたは常に前に向かっています。

あなたがなりたい姿とは、過去世も含めて人生で体験してきたことから生まれた新しい自分です。それは過去世の自分よりもずっとずっと進化しています。

過去世という思い出すことが不可能なものを思い出そうとして、今を無駄にするのはやめましょう。

あなたがなりたいのは現在のあなたがこうなりたいと願っている自分です。

過去に目を向けるのは、そんなに意味があることではありません。

そこに費やす時間は、あなたがなりたいと願う自分になるスピードを遅らせてしまうだけです。

味がしなくなったガムを噛み続けてもおいしくないはずです。

ましてや昨日の自分が噛んでいたガムをもう一度口に入れたいとは誰も思わないでしょう。

前世の自分が噛んでいたガムを口に入れることに興味がありますか？

過去世を見つめることは、味のしなくなったガムを噛むのと何も変わりません。

味がするガムは前に向かっていく人にしか手に入らないものです。

本当の自分の波動と調和して生きている人は、それほど過去のことが気になったりはしません。本当の自分と調和している人は、味のする新しいガムを口に入れることに興味を持っています。

あなたが充実した人生を生きるための知恵は過去ではなく、現在にあります。

あなたをサポートする知恵は、現在、今この瞬間に存在しているソース（源）から届いているのです。


アカシックレコードには、未来の情報、出来事も記録されていると信じている人もいます。

しかし、あなたは操り人形のように決められた未来に向かって進んでいる不自由な存在ではないのです。


未来は、決まっていません。

未来の出来事を決めるのは、アカシックレコードではないのです。

アカシックレコードに、未来の情報はありません。

あなたが自由に未来を選べるのです。


未来は調べるものではなく、あなたが創るものです。

アガスティアの葉に人生を売らない

アカシックレコードと同じようなものとして、アガスティアの葉というものがあります。

アガスティアの葉には、未来も含めてあなたが人生で経験すること、過去世のカルマについても書かれているそうです。

ですが、そんなものは存在しません。

あなたには決まりきった未来などないのです。

ですから、あらかじめあなたの運命を記すことができる人など存在しません。

あなたがどんな人生を生きるのかは、あなたがこれから自由に決めるのです。

さらに、過去世のカルマも存在しません。

ですから、アガスティアの葉を読んでもらった後に提案されるカルマの解消方法にも意味はありません。

そもそもあなたには過去世から受け継いだカルマなどないからです。

よって、そのためにお金を払ってカルマの解消を代行してもらうサービスを受ける必要もありません。

カルマを浄化するために自分で神社にお参りする必要もないのです。

その時間とお金は、自分の今の生活を充実させるために使いましょう。

人は、何のカルマも持たずに生まれ変わってきます。

肉体を離れるとき、すべてのネガティブな思考、ネガティブな感情を置いていくのです。

そして、ピュアでポジティブなエネルギーに再び戻ります。

この時点で、何も次の人生に引き継いでいくネガティブなものは残されていないことがわかります。

あるのは、次の人生を生きたいという願いだけです。

あなたがこの人生に持ってきたのは、そのような熱い想いだけです。

喜びのある人生を生きたいという願いを持って、あなたは生まれてきました。

そして、人生を生きるなかで、これまで持ったことのなかった新しい願望が生まれていきます。

その新しい願望は、どこにも書かれていない、あなただけの独自の願いです。

もともと誰かに決められていた願いを予定通り持たされたわけではありません。


あなたの未来が書かれているものなどありません。

あなたが未来を書きに来たのです。

誰にもそれを渡さないでください。

誰かに言われた通りの人生を生きようとしないでください。

アガスティアの葉の正しさを証明するために人生を消費しなくてもいいのです。


好きなように生きてください。

あなたの未来は決まっていません。

あなたが選ぶのです。

スターシードという思い込みが生まれた背景

ヒプノセラピーという催眠療法によって、宇宙人の過去世を持つ青年が現れたことからスターシードという概念は始まりました。

ヒプノセラピーによって、クライアントの過去世を知ることができると信じられているわけですが、これは実際には不可能です。

人間にはどんな催眠を使っても、どれだけ潜在意識を掘り起こしても、過去世を追体験することはできません。

とはいえ、ある女性が独自のヒプノセラピーによって集めた過去世をベースにした情報は本にまとめられ、やがて世に出ることになりました。

この宇宙人の過去世の作り話は主に本を通じて日本にも輸入され、時間をかけて日本人向けに修正されていきました。

その結果、それから約40年後の最近の日本のスピリチュアル界では、世界にはスターシードが約100万人いて、そのうち日本にいるスターシードは24万4千人だという情報が広まっているようです。

日本人の割合が不自然なほど高いものとなっていることがわかります。

スターシードの4人に1人が日本人というのは、世界の国の数や人口比を考えるとものすごく高い割合です。

高い波動を持つというスターシードが日本人には多いという情報は、日本人にとっては当然快く受け入れられやすいものだと考えられます。

過去世の記憶を追体験できているという思い込みから作り上げられたスターシードという概念は、日本人に親しまれるように内容に修正を加えられながら、徐々に日本人の中に文化として根付いていきました。

それは彼らの存在価値への疑いや自信のなさを補う役割を果たしてくれたのです。

生きづらいのは地球での過去世が少ないスターシードだからという教えは、日常の中で望む人間関係や環境が引き寄せられない人たちの間で数多くの共感を呼びました。

ＵＦＯは地球にやってこない

前述のヒプノセラピストが書いた本の中には、宇宙人やＵＦＯの話がたくさん出てきます。

自分のことをスターシードだと信じている日本人の方の多くがＵＦＯに乗ったという体験や、目撃したという記憶を語るのは、前述の本などのどこかから得た情報の影響によるものです。

では、どういう仕組みでＵＦＯを目撃する人が出てきたのかを説明していきましょう。

まず最初に伝えておくと、ＵＦＯが他の惑星から地球までやってくることはありませんし、これまでにやってきたこともありません。

このことからも、青年が語った内容が作り話であることがわかります。

もちろん本人は宇宙船に乗った宇宙人としての自分の記憶を信じているので、彼にとっては真実に違いありません。

ここでＵＦＯの正体について話します。

地球には至るところに意識が存在しています。

例えば、ラジオやテレビの電波などの目に見えない波動が、僕たちの暮らす場所に溢れているように、非物質世界のエネルギーもそこら中に存在しています。

その非物質世界のエネルギーをＵＦＯとして解釈する人もいますが、それはどんな人かというと、ＵＦＯの存在を信じている人です。

ＵＦＯという飛行物体が実際に存在しているのではなく、非物質世界の意識やエネルギーをその人が理解できる形に変換して解釈しているのです。

すなわち、ＵＦＯが存在しているという思い込みがフィルターとなって、非物質世界のエネルギーが、自分が信じている通りのイメージの飛行物体に見えるということです。

ですから、同じ非物質世界のエネルギーが人によっては天使に見えたり、龍神に見えたりすることもあります。

その人が持つ信念に合わせて、非物質世界のエネルギーの姿は違ったものに見えるということです。

非物質世界のエネルギーが突風のような動きをすることがあり、ＵＦＯを信じている人がそれに出くわすと宇宙船が素早く動いているかのようにその波動を解釈します。

自分のことをスターシードだと信じている人は、スペースシップに乗って他の惑星から宇宙人がやってくることがあると信じていることが多いです。

そういう理由で、ＵＦＯを目撃した体験を持つ人がいるのです。

しかし、実際は、宇宙船が他の星から地球に飛来することは、この先もありません。

こう言うと、地球の意識が低いから宇宙人は姿を現さないんだとか、地球の意識を上げるためにスターシードである自分たちが頑張らないといけないんだと、はりきろうとする人がいるかもしれませんが、そういう理由ではありません。

意識が低い人、波動が低い人にはＵＦＯが見えないんだ、と考える人もいますが、そういうことでもありません。

ＵＦＯ、スペースシップ、宇宙船が他の星からやってくることは今後もありません。地球より高度な文明を持つ宇宙人が地球に乗り込んでくるなどという日は訪れないので、まだかまだかとハラハラする必要はないので安心してください。

宇宙船がやってきたように見えているのは、その人が非物質エネルギーを自分の思い込みのフィルターを通して、ＵＦＯとして解釈しているだけです。

非物質世界のエネルギーは常にあらゆるところに存在しています。

そのエネルギーをそれぞれの信念で自分に理解できるものに変換することで、さまざまな姿に見えているのだと知っていてください。

みんなソースからやってきた

この世界では何を信じるかを自由に選ぶことができます。

あなたは自由に信じたいことを信じていいのです。

ということは、誰かが語ったストーリーを必ずしもあなたが信じなくてもいいことになります。

例えば「あなたはスターシードですね」と誰かに言われたからといって、必ずしもそれを自分の人生において採用する必要はありません。

「あなたの肌の色からすると、あなたは波動が高い人種ですね」と言われて、今の時代にいい気がする人はなかなかいないと思います。

それが魂の話となると、いい気になる人がいまだに日本人には多くいます。

つまり「あなたの魂はこの星からやってきていますから、波動が高いですね」と言われると、いい気になってしまうので、自分が何をやっているのかに気づかないまま、それを喜んで信じてしまいます。

この構造は肌の色で自分が優れた人種であると思う心理と何も変わりません。

先ほどスターシードの4人に1人は日本人だとする情報が広まっていると紹介しましたが、この日本人のスターシードの人口比の異様な割合の高さは、スピリチュアルに興味を持つ日本人の自信のなさの表れともいえるかもしれません。

自分に自信があれば、自分のことや自分の国を持ち上げるような思い込みを生み出す必要はありません。

自分に自信が持てるようになれば、自分の魂が優れていると信じるための作り話はいらなくなるのです。

何を信じてもいい自由が本来はあるのですから、スターシードという特別な存在が地球にいるという見方を受け入れない自由もあなたにはあります。

つまり、すべての人は愛の存在として生まれ、その故郷は他の星ではなく、皆同じソースからやってきて、今もソースとつながっているのだということを忘れないこともできます。

しかし、時に僕たちは、誰かが信じている世界観を無防備に受け入れてしまい、自分自身の経験の中にその思い込みを影響させてしまうこともあります。

その代表的なものの一つがスターシードという概念です。

僕たちは上の世代が肌の色で人に優劣をつけていたとしても、それを信じたりはしないでしょう。

ですが、今は魂の出身を妄想して、それをもとに平気で差別する人がいる時代です。スピリチュアルという無条件の愛を説くはずのものの中に、こういったものが混じっていることもあるのです。

波動の高さや魂のレベルなどで存在価値の差別をしながら、うわべでは「優劣ではなく違いがあるだけ」などという言葉でごまかします。


一度自分がやっていることを客観的に見ると、次の時代にふさわしいもっと愛のある見方が彼らにもできるようになるかもしれません。

魂レベルで差別している人に、本当に心から世界の人々との一体感を感じている人はいないでしょう。

本当にワンネスを感じる人は、みんながソウルメイトだと知っています。

そこに魂レベルの差別意識が入り込む隙はありません。


スターシードとは、地球以外の星を自分の魂の出身だと信じている人たち、または、宇宙の魂を持ったまま地球に転生したと信じている人たちのことです。

彼らは、地球が初めてだったり、地球での過去世が少なかったりするから生きづらさを感じているのだとよく正当化します。

実際は、この地球にいる全員の魂の故郷は、ソース（源）であり、他の特定の星ではありません。

そして、みんな地球での経験が豊富で、賢い存在です。

すべての人がソースエネルギーの延長で、今もソースエネルギーとつながっています。

この世界にはそれ以外の特別なエネルギーとつながっている存在はいません。

自分がやってきた星からエネルギーを受け取っていると思い込んでいる人もいますが、この地球には他の星からエネルギーを受け取っている人はいませんし、その必要もありません。

みんな同じソースエネルギーとつながっている、同じ故郷を持つ存在です。

地球という星もそんな特別な人を通してだけやってくるというようなエネルギーを必要としていません。

地球に存在する動物も含めて、みんなソースの延長です。

すべての人がソウルメイトであり、みんなそれを知って生まれています。

つまり魂の視点で見ると、本当はみんな同じ仲間なのです。

赤ちゃんの表情を見れば、すべての人が生まれながらにして無条件の愛を持って生まれてきていることは明白にわかります。

地球に生まれてくる赤ちゃんの周波数は重いですか？

波動の高いスターシードが重い次元の地球に生まれてくるために持たなければならないとかいう「重い周波数」を持つ思い込みとやらを、赤ちゃんは持っているように見えますか？

重い周波数の赤ちゃんがいると本気で思えますか？

すべての人がピュアでポジティブなエネルギーとつながった状態で生まれてきて、今もその無条件の愛とみんながつながっています。

重い周波数を持つ思い込みなんてどの赤ちゃんも持っていませんし、人類の歴史上、そんな存在が生まれたことは一度もありません。

「重い周波数を手放す」という考え方自体が重い周波数を持つ思い込みです。

その重い周波数の思い込みを通して地球を見ている人は、無条件の愛の波動を持つ状態ではありません。

「地球の波動が重いから、スターシードの人はこの地球に生まれるために自分の波動を重くする必要があった」という思い込みほど、地球に生きる人たちや地球に対して失礼なことはありません。

地球人全員が、無条件の愛の波動、純粋でポジティブなエネルギーの存在として生まれています。

そこに例外はありません。

誰も問題を抱えて生まれていないのです。

誰もが価値ある存在として、高い波動で、軽い周波数を持って生まれてきました。

それはどこまで歴史をさかのぼっても変わりません。

すべての人が愛として生まれています。

覚醒しなければならない人など生まれていません。

誰もが覚醒した状態で生まれているからです。

目醒める必要のある人など生まれていません。

誰もが目醒めた状態で生まれているからです。

本来の自分に戻るために生まれた人などいません。

誰もが本来の自分として生まれているからです。


あなたには何も手放す必要のあるものはありません。

誰も手放すべきものなど何も持ってきていないのです。


波動を上げる必要のある存在などいないのです。

あなたは十分であり、十分な存在として生まれました。

そして、すべての人が十分です。

十分な存在としてみんな生まれたのです。


そこに波動を上げるチャレンジなどありません。

付け加える必要のある価値など何もないのです。

みんな愛の存在として、価値ある存在として、完全な存在として、そのままソースに認められています。


目醒めなど、必要ありません。

そんなプロセスのために生まれた人はいません。

インナービーイングの視点から見れば、あなたは無限の可能性を忘れたことなどないのです。忘れたことのないものを思い出そうとしないでください。

ただくつろいでいるだけでいい

あなたは何もしなくても地球にいていいのです。

ネガティブな気持ちを統合してニュートラルにする必要もありません。

ネガティブな気持ちは一生出てきていいのです。

それが地球の邪魔になったこともなければ、迷惑になったことも一度もありません。


地球はあなたの働きを必要としていません。

そのことに自由を感じてください。

次元上昇という重荷から自分を解放してあげてください。

本当に重い周波数を持っていたのは、自分にはやるべきことがあるというその使命感なのです。

地球は周波数が重いから、自分がなんとかしなくちゃいけないというその使命感が、あなたの肩に重くのしかかっていたのです。

あなたはここで楽しんでいいのです。
ただただ楽しく暮らしていいのです。
それがあなたの本当の使命なのです。

「自分の星に帰りたい」と、自分のことをスターシードだと信じている人がぼやくのをよく目にしますが、それは本当の自分と調和できていない証拠です。

本当の自分と調和できている人は、地球から離れたいなんて感じません。

他の星での暮らしをつい考えてしまうのは、本当の自分と調和していないからです。

これは転職したいという考えで常に頭がいっぱいの、不満を抱えた会社員と同じです。

幸せな人は、地球での体験を豊かにすることにしか興味を持ちません。

見えない世界にいる本当のあなたがフォーカスしているのは、この星での体験だけだからです。

非物質世界にいるインナービーイング（内なる存在）が意識を向けているのは、この地球だけです。

ですから、あなたが他の星に意識を向けている間は、本当の自分と波動が一致できていないのです。

インナービーイング（本当のあなた）は、自分が他の星から来たなんて考えていません。

あなたの源は、ソースエネルギーだと知っているからです。

あなたはあなたの源であるインナービーイング、ソース、ソースエネルギーから離れていません。

あなたは今も自分の出身である場所とつながっているのです。

それは場所ではない場所です。

目に見えない世界、場所ではない場所である非物質世界からあなたはやってきて、今もあなたはその見えない場所とつながっています。

そのことをあなたのインナービーイング（魂）は決して忘れたりしません。

本当のあなたは、この地球が最も輝かしい場所だと知っています。

他の星にあこがれることなど決してありません。

この星こそがあなたがあこがれて、生まれたいと願った場所だからです。

本当の自分と一致している人は、自分の過去世でどの星に生きていたのかなんて、まったく興味を持たないはずです。

人生がうまくいっていない人ほど過去世に興味を持つ傾向があります。

人生がうまくいき始めると、過去世なんて気にする時間はなくなります。

本当の自分と調和している人は、この地球での体験以上に大切なものはないと知っています。

自分が持つ願いをここで形にしていくこと以上に重要なものはないと知っているのです。

「スターシードだから生きづらいけど、自分にはスターシードとしてのミッションがあるんだ」とつい考えてしまう人は、まず幸せになることに集中してください。

すると、自分の本当のミッションを思い出すでしょう。

それは人生を楽しむことです。

他の星へのあこがれは、地球で存分に自由に楽しい日々を生きることで自然に手放せます。

自分がどこかの星から来た特別な存在だという考えは、自分を無条件に愛せたときに必要なくなります。


スターシードの自分は特別だと思いながら、「特別ではありません」と書かれたお面を恥ずかしそうにかぶる必要はないのです。

すなわち、特別だと考えながら、特別だと考えていないふりをする必要はないということです。


スターシードである、という思い込みが必要なくなるくらいに、この星で幸せになってください。

すると、すべての人の内側にある光が見えるようになります。

それが本当のあなたが見ている光景です。

本当のあなたが誰かを愛さなかったことなどありません。

気が遠くなるほど昔から、すべての人がその愛の視点を持って生まれてきています。

この地球は、そんな輝きに満ちた星なのです。

他の星のことなど一切あなたは興味がありませんでした。

だから、ここにいるのです。

この地球こそが、あなたが本当に心から求めていた場所だったのです。

この地球を、楽しんでください。

優雅にくつろぐ

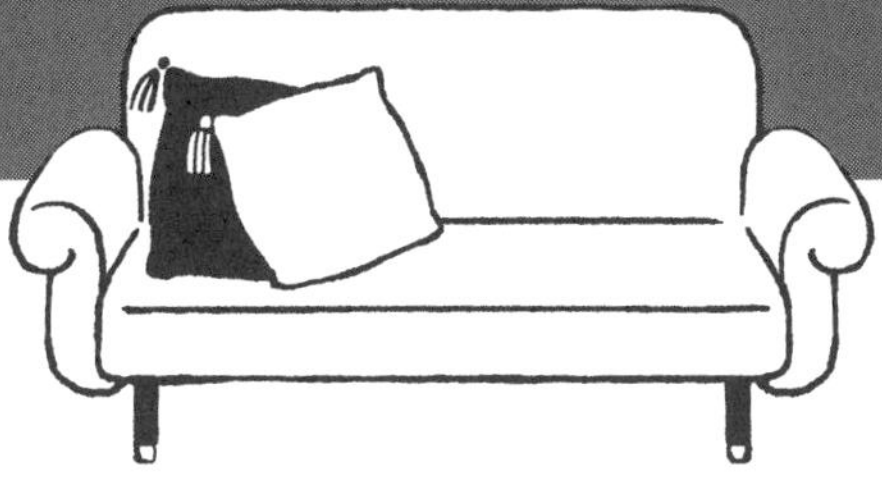

―― 第7章 ――

星の動きに振り回されなくていい

天体に魂の設計図があると信じている人もいます。

しかし、実際には星には何の情報も隠されてはいません。

あなたの魂、つまりソース、ソースエネルギー、インナービーイング、呼び名はなんでも構いませんが、非物質世界にいるあなたは、場所ではない場所に存在しています。

それは特定の星に記された暗号のようなものを解読して初めてつながることができるようなものではなく、あなたが日常の中で感じられる気持ちの中に現れています。

あなたの感情こそが唯一のナビゲーションシステムであり、それは星の位置によって表現されるものではないのです。

ですから、あなたには星の意味を解読するための教科書は必要ありませんし、それを代弁する星読みの知識を蓄えた専門家の話に耳を傾ける必要もありません。

あなたが本当に耳を傾けるべきなのは、自分の心の声です。
それが一番正確なガイダンスです。

あなたが見えない世界の自分とのつながりを感じる方法は、あなたの感情に気づくことです。

その感情の存在自体が、見えない世界の自分とのつながりを示しています。
星がどんな位置にあろうとも、本当のあなたとは何の関係もありません。
星にあなたの情報は何もないのです。
ですから、星の位置は何の参考にもなりません。

魂としてのあなた、インナービーイングとしてのあなたがいる場所は、非物質世界という場所ではない場所としか表現できない波動の場所です。

生まれた瞬間の星の位置は、あなたの人生と何の関係もありません。
あなたと関係があるのは、この人生を生きるなかで新しく願ったなりたい自分だけです。

あなたがこの人生を通して新たに明確にし続けているなりたい自分自身こそが、インナービーイングの姿です。

あなたがこうなりたいと願った瞬間に、本当のあなた（インナービーイング）はその自分の波動になります。

あなたの魂、インナービーイングというのは、あなたが願った自分の姿の波動として見えない世界で振動しているのです。

あなたがこうなりたいと願った姿は、あらかじめなんらかのかたちで星に埋め込まれているわけではありません。

あなたは新しい自分を創造していく存在です。

生まれた瞬間の星の位置が決めた自分ではなく、実際に人生を体験していくなかでこうなりたいと思った自分になるためにあなたは生まれたのです。

星には、あなた自身を知るための情報は何一つ記されていません。

あなたが何者であるか、何者になりたいのか、それをあなたがこの地球で決めていくのです。

星の動きにいくら詳しくなっても、あなたは自分自身について何も知ることはできません。

あなたが何者であるか、何が好きで、何が嫌いかは、あなたが感じるものであって、星に聞くものではないのです。

あなたがどこに行きたいのか、いつ動くのがいいのか、それも星は教えてくれません。

あなたが行きたい場所は、あなたが心で感じるものです。

あなたがいつ動くのがベストなのかは、あなたが直感で感じるものです。

星は、何も教えてくれません。

なぜなら、星はあなたの願いを知らないからです。

願いを聞いてくれるのは、星ではありません。

あなたの願いを聞いてくれるのは、インナービーイングです。

インナービーイングはどこかの星で暮らしている存在ではなく、いつもあなたとつながっている見えない存在です。
それは誰よりも近くにいる存在であり、星のように遠くにあるものではありません。
インナービーイングはあなたから離れることはありません。

星が教えてくれないことを、インナービーイングは教えてくれます。
どうすれば願いが叶うのかを知っているのが、インナービーイングです。
あなたが願っていることすべてを知っているのが、インナービーイングです。

あなたのことを何も知らず、何も聞いてくれていない星の動きを気にするのはやめましょう。

あなたのすべてを知ってくれていて、あなたが今どこにいて、どこに向かいたいのかをわかってくれている存在のことをもっと気にかけるべきです。

星に聞くのではなく、自分の心に聞いてください。

あなたの内側にいつも答えがあります。

それはどこか遠くの星ではなく、どこよりも近い場所、つまりあなたの気持ちにいつでも現れているものなのです。

魂の設計図は、星にはありません。

それはあなたが心で感じ取っていくものです。

本当は関係がないものに振り回されるのはやめにしましょう。

あなたの答えは、あなたが自分の心で感じるものです。

月の影響を真に受けなくていい

新月や満月など、月の周期を気にしている人もいます。

しかし、実際は、月の影響力は取るに足らないものです。

例えるなら、大きなゾウの背中にいるノミのようなもので、気にしなければ大した影響はありません。


わざわざ月の周期に合わせて何かをするほどの意味はないということです。

もし、ゾウが自分の背中にいるノミが少し移動したからといって興奮していたら、おかしいですよね。

一匹のノミの動きは、ゾウにとってそれほど重要ではないからです。


月のエネルギーがどうこうと考える人もいますが、月のエネルギーはあなたには関係ありません。

あなたと関係があるのは、月のエネルギーではなく、ソースエネルギーです。

そして、ソースエネルギーは毎日、毎瞬あなたのもとに降り注いでいます。

ソースエネルギーという唯一あなたに関係があるエネルギーは、いつでもあなたのもとに無限に流れてきているのです。


ですから、月のエネルギーだと思い込んでいるものは、本当はそのときにやっと受け入れることにしたソースエネルギーなのです。

あなたが今日は新月だから、もしくはスーパームーンだからなどという理由をつけて、とにかくリラックスすれば、ソースエネルギーを受け取ることができます。

ソースエネルギーはそもそもいつでも無条件にあなたのもとに降り注いでいるので、それを受け取れる理由になるのであればなんでもいいのです。

いい気分でさえいれば、あなたはソースエネルギーをいつでも無限に受け取ることができます。

すなわち、ある特定の月の位置や、太陽の光が月に当たる角度に頼ることなく、いつでもソースエネルギーを受け取っていいのです。

しかし、月の周期に意味をつけてしまうと、本来受け取れるはずの日に、それを期待できなくなってしまいます。

それはまるで、ノミの位置によって今日はご飯を食べるのを遠慮しておこうとゾウが考えるようなものです。

ゾウはノミがどこにいるのかに関係なく、ご飯を毎日普通に食べるはずです。

月の位置や、月に当たる光の角度、つまり新月や満月などを気にして、ソースエネルギーを受け取ることを遠慮したりする必要はありません。

ソースエネルギーという唯一あなたに関係のあるエネルギーは、いつでもあなたのもとに流れてきています。

ソースエネルギーは、月の見かけ上の形によって調整されるものではありません。

そもそもあなたからどう見えていようと、月はいつも丸いのです。

それを欠けていると思っているのは人間だけです。

光が当たらずに見えないとしても、月は完全に丸いのです。

丸く見えないからといって欠けている存在だと思わないでください。

見えないものを見る力があれば、たとえ見かけ上、月が欠けているように見えようとも、それを欠けた存在だとは見なくなります。

そうすれば、**月が満月であろうと、新月であろうと、三日月であろうと、その価値を判断することもなくなるでしょう。**

月はいつも丸いのです。

そして、ソースエネルギーは毎日、毎瞬あなたに降り注いでいます。

そのエネルギーは月の見かけ上の満ち欠けに影響されるような不安定なものではありません。

安定して、継続的に、あなたを支えてくれているソースエネルギーがあることを思い出してください。

そうすれば、もう月の動きに振り回されることはないでしょう。

そして、本当の自分とのつながりが安定するはずです。

感情の乱れや、体調不良になるのは、月の影響ではありません。

それはあなたが期待したことであって、あなたの波動の問題です。

「月がこうなると、自分は体調が悪くなる」と考えると、そのネガティブな期待によって体調は悪くなります。

それだけの問題であって、必ずしもこの先もそれを選ぶ必要はないのです。

あなたは期待を変える力を持っています。

何を考えるかをあなたは自由に選べるからです。

思考を自由に選ぶことで、期待は変えられます。

「月がどんな形であっても、私には関係がない」と繰り返し考えていれば、最終的にはそれがあなたの期待するものとなり、その通りのことを体験できます。

自分で自分の創造に責任を持てたとき、あなたは創造者としての生き方を選ぶことができます。

月の被害者として生きるのではなく、人生の創造者として生きてください。

そのほうがあなたは幸せになれます。

被害者でいることを選べば、いつまでも毎月毎月決まったパターンで感情が乱れ、体調を崩し、どうしようもないことだと決めつけてしまいます。

しかし、実際は、あなたの感情、健康状態と関係があるのは、月ではなくソースエネルギーの受け取り具合だけです。

月を理由にソースエネルギーを受け取るかどうかを決めないでください。

月がどこにあろうと、どうであろうとあなたはソースエネルギーを受け取ることができます。

ソースエネルギーを受け取ることさえできれば、あなたは幸せに健康でいられます。

月が影響しているというのは思い込みです。

誰かに植え付けられた思い込みによってソースエネルギーを今日受け取るかどうかが一生左右されていくのは、もったいないことです。

毎月それを繰り返していたら、どれだけのエネルギーを無駄にすることになるでしょうか。

そんなふうに自分をいじめないであげてほしいのです。


あなたは本来、いつでも幸せに健康でいられる存在です。

それを思い出してください。

そうすれば、月を気にする生活にさよならできます。

月はあなたの健康にとっては、どうでもいいものであると知っていてください。

あなたとソースとのつながりを定期的に犠牲にするほどの価値は、月にはありません。


あなたには毎日、毎瞬、ソースエネルギーが流れてきています。

それを思う存分受け取り、幸せに健康でありましょう。

あなたが本当に求めているものは、ソースエネルギーとのつながりだけです。

あなたにエネルギーを与えてくれているのは月ではありません。

月をありがたがる必要はないのです。

実際にあなたにエネルギーを与えてくれている存在に気づいてください。

本当にあなたをサポートしているのは、ソースです。

開運日はどうでもいい

一粒万倍日、天赦日、大安など、日本の暦をもとに縁起のよい日だと信じられている日があります。

これらはあなたのエネルギー、波動とはもともと一切関係ありません。

あなたにとって何かをするのに最もベストなタイミングは、あなたがベストだと直感で感じるタイミングです。

しかし、何かを始めるのにこれらの開運日に合わせてしまうと、そのタイミングとずれることが起こり得ます。

むしろ、タイミングがずれることのほうが多くなるでしょう。

何よりも悪影響なのは、あなたが自分自身の内なるタイミングを信じられなくなることです。

インナービーイングは、あなたにとってベストなタイミングを知っています。

ですから、あなたがインナービーイングとつながっていれば、完璧なタイミングで何かをしようという衝動を感じられるのです。

それを信頼せずに、日本の文化として古くから信じられてきたというだけの理由で、インナービーイングから届く衝動を無視するようになってしまうのは非常に損をしています。

自分のタイミングではなく、昔の誰かが決めたタイミングで生きることになってしまうからです。

あなた自身が内側で感じるタイミング以上に正確なものはありません。インナービーイングの導きこそが、最も的確なのです。

ですから、誰が何と言おうが、たとえどれだけ歴史が長かろうが、あなた自身が感じる「今、これをやりたい」という衝動に従うことだけを考えてください。

あなたは、自分にとってベストなタイミングを知っています。

それを内側で感じることができる能力を持っているのです。

そのガイダンスを開運アクションや開運日に置き換えるのは、失うものがあまりに大きいことに気づいてください。


あなたが大切にすべきことは、誰かが教える開運アクションではなく、自分の内側でインスピレーションを感じたアクションです。

あなたは、いつ何をすべきかを心で感じることができます。

それがあなたが持って生まれた内なるガイダンスです。

インナービーイングの声を無視して、開運日を気にしてしまうと、あなたは一番頼りになるガイドをないがしろにしてしまうことになります。


何かを始めたり、何かを行動に移したりするタイミングは、インナービーイングが直感を通して教えてくれます。

その導きを大事にしてください。

あなたの運は、暦で決まっているのではありません。

あなたの運は、あなたの波動で決まるのです。

そして、あなたはその波動をコントロールできます。


誰かが定めた開運日は、あなたの人生には関係がありません。

もちろん、関係があると信じて、それを期待し、その期待通りの波動で振動することで、まるで開運日が自分の人生に影響しているように見える現実を創ることもできます。

ですが、そうなると、他の圧倒的な数を占める開運日ではない日への素晴らしい期待を持つことが当然難しくなってしまうでしょう。


本当は、すべての日が、これまでで最高の1日になり得るのです。

なぜなら、あなたは毎日拡大し、ソースエネルギーからの支援が日々増しているからです。

あなたはどんどん拡大していく存在であり、衰退することがありません。

開運日に振り回されていると、その拡大の流れに追いつくことはできません。

昨日よりも今日、今日よりも明日のほうがあなたはより拡大しているというのに、物質世界のあなたは、今日が開運日かどうかで動揺し、自分のエネルギーを左右されてしまうからです。

その状態では、拡大し続ける本当の自分に追いつくことなど決してできません。

本来の自分のペースよりも遅いペースで進むことになってしまいます。

何かをする上であなたにとっての最高のタイミングは、あなたがそれをやりたいと感じたときです。

それは暦とは一切関係がありません。

あなたにとってのベストなタイミングは、どんなカレンダーにも載っていません。

それは見えない世界のカレンダーに書いてあります。

あなたがそれを知るには、心で感じ取るしかありません。

誰かの開運情報に夢中になっているうちは、それを感じ取ることなどできないでしょう。

自分の内側にある情報を信頼してください。

あなたのタイミングは、あなただけが知っています。

運勢は、自分でコントロールするものです。

それはあなたの手の内にあります。
それを誰かに渡さないことです。
あなたがこなすべき開運アクションは何一つありません。

あなたの人生の流れは、あなたが発する波動次第です。
開運日に力はありません。
あなたにすべての力があるのです。
運は定められたものではなく、あなたがどんなものにしたいかを選ぶものです。
あなたは自分で自分の人生を創造しています。
何かに力を渡してしまうのはやめましょう。
力を取り戻してください。
自分の内なるガイドへの信頼を回復させるのです。
暦は関係ありません。
あなたの運は、あなたが決めるのです。

風水はただの思い込み

本物の風水マスターは教科書を持っていません。

なぜなら、すべての家に当てはまるメソッドなど誰にも作ることができないからです。

家の中にある物が違えば、それを置くのにふさわしい場所は違ってきます。

何がどこにあるべきかを記すことのできる書物など書きようがないのです。

よって、教科書を持っていないことが本物の風水師を見分けるポイントの一つです。

それでは、本物の風水マスターはどうやって家のエネルギーを整えるのでしょうか？

それは直感によってです。

本物の風水とは、直感によって何をどこに配置するのかを感じることを意味します。

ですから、本物の風水マスターは教科書通りに「この方角にはこれを置いて、ここには何色の物を置きましょう」などとは決して提案することはありません。

何をどこに置くべきかは、その場所で感じる必要があるからです。

つまり、それがしっくりくるまで物を動かしていくしか、家の中のエネルギーを整える方法はありません。

もし、教科書のセオリー通りに物を動かしたとしても、頭で整ったと思っているだけで、実際のエネルギーが整うことはありません。

家の中にある物は、家によってそれぞれ独自の組み合わせで構成されているので、その家独自の適切な配置があるからです。

ですから、本当に風水を実践したいのであれば、自分の感覚でしっくりくるまで物を動かしてみましょう。

何かを新しく家の中に入れるときというのは、まるで、新しく家に迎えたばかりの子犬のように、最初は居場所が定まらずにひどく目立つものです。

それをあちらやこちらに移動させていくうちに、存在を忘れるくらいに自然に目立たなくなるときがきます。

それが風水的にふさわしい場所を見つけたときです。

このように自分がしっくりくるまで物を移動させていくことが本物の風水マスターの片付け方です。

これには決まったルールを定めることはできません。

なぜなら、家の中にある物も、家のレイアウトも、何一つとしてまったく同じ組み合わせはこの世に存在しないからです。

実際のところ、あなたが住む家の風水を考えられるのは、あなただけです。

教科書を手にした風水師に、あなたにとって最適なレイアウトはわかりません。

あなたがしっくりくるなら、それがあなたにとってベストな状態なのです。

風水師のアイデアがいい刺激になることもあるでしょうが、最終的にはそこに住む人がしっくりくるかどうかが大切なのであって、教科書のルールを守っていることなどうでもいいことです。


自分の感覚を一番大事にしてください。

これは例えば財布選びについても同じです。

何色の財布がいいかは、あなたの好みで決めていいのです。

あなたの好きな財布があなたが選ぶべきものです。

財布の色と運は関係ありません。

あなたの運勢を決めるのは、あなたの波動だけです。

あなたが好きな財布を選ぶことが、当然あなたの波動を最も高めてくれます。

つまり、たとえ風水師がこれがいいと提案したとしても、優先すべきはあなたの直感です。

トイレにサボテンを置いてくださいと言われても、サボテンが嫌いなら置かないほうがいいのです。

自分がしっくりくる場所に配置すること、自分の好きなものを選ぶこと、これが本物の風水です。


もし、本物の風水マスターが書いた教科書があるとしたら、そこには一言だけこう書かれているでしょう。

「あなたの直感に従って、配置しなさい」

あなたが頼りにすべきは、あなた自身の直感だけです。

家の中のエネルギーを整えたいのであれば、まずは自分自身の直感が働く状態に自分を整えてあげてください。

自分自身のエネルギーが乱れていれば、あなたは直感を働かせることができません。ですから、自分の波動を整えることが先決です。

あなた自身のエネルギーが整えば、何をどこに置くことが適切であるかをあなたは直感的に感じ取ることができます。

しかし、もしあなたの気分が悪く、直感が働かない状態であれば、その行動は非生産的なものになったり、ひどい場合は破壊的なものになってしまいます。

「断捨離」というと聞こえはいいですが、あなたがイライラしている状態で下した判断は、あなたにとって有益なものにはなり得ません。

捨てることが必ずしも正解とは限らないということです。

嫌な気分を解消するために物を捨ててしまうと、捨てるべきものではなかったことに後で気づいて後悔することになってしまうこともあるでしょう。

また、物が少ないほどいいという思い込みを持っている場合は、本当に自分が欲しくて人生がより楽しくなるものや、より快適に過ごせるアイテムがあっても、なかなかそれを入手することを自分に許せなくなることもあります。

本物の風水マスターは、気分のよさを家の中の状態に依存しません。ですから、できればそのままの家の状態で自分の波動を先に整えるようにしてください。

まずは、今の家の状態にかかわらず、自分の気持ちを整えることから始めるのです。そうすれば、望む家の状態に向かうための行動のアイデアが降りてくるはずです。

そのアイデアに従うようにすれば、スムーズに家の中が整っていき、その作業自体にも喜びを感じることができるでしょう。

もちろん、家が片付いているほうがその片付いている状況を見るだけで気分がよくなるので、自分の波動を整えるのは簡単です。

しかし、条件に頼る癖がついてしまうと、片付いていない状況の中ではなかなか気分よくいられない状態になってしまいます。

条件に関係なく波動を整える力をつけていったほうが、長期的に見るとよい気分と高い波動は安定しやすくなっていきます。

家の中の状態は、常に変化していくものです。

その変化していくものに対して条件反射的に気分を害していたら、いつまで経っても幸せになれません。

極端なことをいえば、何かの位置が少しでもずれてしまったら、または、物が一つでも床に無造作に置かれていたら、それだけで不幸になってしまうからです。

本物の風水マスターは、自分の幸せを家の中の状態に依存しません。

自分の幸せは、自分の心の中で作れるものだと知っているからです。

すなわち、本物の風水マスターは、心の中を片付ける技術をマスターしています。

心が整い、幸せであれば、素晴らしいアイデアが思い浮かぶことを知っているのです。

本物の風水マスターは、家の中が片付いていなくても自分を愛せます。

自分を愛するのに条件は必要ないことを知っているからです。

多くの人が、偽物の不機嫌な風水師に叱られながら、頑張って家の中を必死に片付けています。

「とにかく手を動かすこと」が、片付けなのだと叩き込まれるのです。

それに疲れてしまい、家の中を片付けられない自分を責めるようになる人もいます。

なかなか行動できない自分を嫌いになってしまうのです。

このように偽物の風水師の影響によって、自分を条件付きでしか愛せなくなってしまう人もたくさんいます。片付いている状態でしか、自分に前向きな気持ちを感じられなくなるわけです。

本物の風水マスターは、あなたの家の中の状態であなたの価値を判断したりしません。

いつでもあなたがプロセスの中にいることを知っているからです。

あなたの家は、永遠に片付け終わることはありません。

いつも新しい物を迎え入れるし、あなた自身も新しい自分として家の中にいるのです。

あなたのエネルギーが変われば、あなたの家も変わります。

あなたは決まった家に住むことはありません。

あなたのエネルギーは毎日変化し、あなたが家に持ち込む物も変化するので、家の中のエネルギーは常に変わっていきます。

その変化を楽しむのが本物の風水です。

決まった正解を表現するために家があるのではありません。

あなたは変わり続ける家を楽しむために住んでいるのです。

その変化の流れについていくために必要なのは、自分自身の直感に従うことです。

それは、あなたがしっくりくる感覚を大切にすることを意味します。

家族が一緒に住んでいれば、みんなの直感がハーモニーを持って重なり合うことで、共同創造を楽しむことができます。

あなたは家族の行動を厳しい目で見張るために生きているのではありません。家族の素晴らしさを讃えながら、幸せな気持ちで過ごしてほしいと願う気持ちを持って、共同創造を楽しむことができるのです。

そのためには、まず、あなたが無条件に幸せであること。つまり、家の中がどんな状態であっても、幸せを選ぶことです。

その幸せな状態には、素晴らしいアイデアがやってきます。

そして、その素晴らしいアイデアに従うことが、とても楽しい気持ちを味わわせてくれるのです。

教科書通りの風水を実践して、それが完了したら幸せになれるのではありません。あなたはそもそも幸せな存在なのです。

あなたのナチュラルな状態が幸せです。ですから、幸せを家の中の状態に頼ることを少しずつやめていくことです。

そうすれば、あなたは家が片付いていないときも、変わらず幸せでいられます。
そうなると、もう家族の誰かを責める時間もなくなっていきます。
家がどんな状態であっても幸せであるのが、あなたにとって自然な本来の姿です。
風水を家族の誰かや自分自身を責める材料にしないでください。
片付いていなくても、あなたは幸せでいられます。
それがあなたの本来の姿だからです。
あなたが誰かを愛するのは、あなたが愛だからです。
それ以外に理由はありません。
あなたが家族を愛するのは、きちんと部屋を片付けてくれるからではありません。
あなたは家族を愛しているので、家族を愛すのです。

その愛のおまけとして、家族が片付ける気になることもあります。

ですが、重要なのは、あなたにはそれが必要ではないということです。

あなたは無条件に家族を愛しています。


本物の風水を実践してください。それは、まず無条件に幸せになることから始まります。

それが風水の基本です。

あなたの幸せ、あなたの波動、エネルギーの状態と、あなたの家の状態は関係がありません。

そのことを本物の風水マスターは知っています。


偽物の風水師の言うことに惑わされることなく、自分自身の直感を使って、物を動かしてみましょう。

焦る必要はないのです。

そもそもあなたは幸せなのですから。

動かして、感じて、動かして、感じて、しっくりくる場所が見つかるまで動かし続ければいいのです。

そうして自分の感覚を感じていくプロセス自体に満足感があるはずです。

その過程自体に楽しさが見つかるはずです。


あなたは新しく家族に迎え入れた子犬がどこにいようと、その存在自体を愛するでしょう。

家の中にいてくれるだけで愛おしく感じるはずです。

どこにいても優しく抱きしめたくなるでしょう。

物も同じです。


あなたが家の中に迎え入れた物たちは大切な存在です。

それがどこにあったとしても、あなたの愛の気持ちは変わることがありません。

その視点を持つ状態が、本当のあなたの姿です。


あなたは無条件に愛でいられます。

その無条件の愛の状態で思いつくことをしてください。すると、本当に自分らしい家のかたちが見つかるでしょう。

それが本物の風水です。

エネルギーポータルは絵空事

ライオンズゲートや、夏至のエネルギーなど、地球に降り注ぐエネルギーの量には時期ごとに違いがある、という間違った思い込みに振り回されている人もいます。

地球をアセンションさせるためのエネルギーが冬至に向けて増加していくとか、8月の何日にはエネルギーのポータル（門）が閉じるので、その影響は地球にいる人全員が受ける、などといった情報に多くの人があたふたしています。

僕たちの生命の源であるソースエネルギーは、一人ひとりの願いに応じて流れてくるものです。それは地球に流れ込むエネルギーとは関係がありませんし、そもそもライオンズゲート自体が妄想であり、ある時期に宇宙とつながりやすいなどということもありません。

宇宙とのつながり、つまりソースとのつながりやすさは個人個人のその瞬間の思考によって決まるものであり、それとは関係がないところに要因があるわけではないの

です。ソースとのつながりを受け入れるか受け入れないかは、すべて本人の思考次第です。

個人の思考による波動の状態だけが、ソースとのつながりを左右する条件です。

ライオンズゲートのような外にあるものは、あなたとソースとのつながりには何も関係がありません。

ですから、7月の何日から8月の何日までの間は宇宙とつながりやすいとか、エネルギーがたくさん流れてくるというのは、間違った思い込みにすぎません。

ソースエネルギーは一年中流れてきているし、それを受け取りやすい時期などというものは存在しません。

受け取りやすさの要因となるのは、あなたの波動のみです。すなわち、あなたの思考次第です。

あなたがソースと調和した波動であれば、ソースエネルギーを受け取りやすくなるし、ソースと不調和な波動であれば、受け取りにくくなります。

このように、ソースエネルギーとのつながりに抵抗するかどうかは、個人個人の波動によるものです。

そこにライオンズゲートのような自分以外の要素は関係がありません。

獅子座が太陽の位置にあろうとなかろうと、僕たちがその影響を受けることはありません。

あなたが健康になりたいと願えば、その願いに応じてソースエネルギーがあなたに直接流れ込んできます。

ソースエネルギーは何のゲートもくぐってこないので、鶴の一声で開いたり閉じたりするなんとかゲートに翻弄される必要はありません。

もし、病気になれば、ソースエネルギーを求める願いがその分強くなるので、当然ソースエネルギーがあなたに向かって流れる量は増えます。


このように、本来、ソースエネルギーはあなたの願望の分だけ降り注いでくるものなので、そこには不足は存在しません。

反対に、あなたにとって多すぎるエネルギーが無理やり流されて苦しくなるようなこともないのです。


ライオンズゲートを信じている人は、その時期に体調が悪くなると、それを見えないエネルギーがたくさん流れてきているからだと言い訳することもあります。

しかし、見えないエネルギーにはあなたを攻撃する性質などありません。

あなたの体調が悪くなるのは、ただあなたが体調が悪くなるような波動で振動することを選択していることが原因です。

それを意図的に選んでいるわけではないかもしれませんが、あなたの体調が悪いのはあなたの思考に原因があります。それは見えないエネルギーが大量に流れてきているせいではありません。

望まないことや、望むことが欠けていることにフォーカスすることで、ソースエネルギーを受け取ることを拒否しているあなた自身にその責任があります。

間違った思い込みのもとで発信されている「エネルギー予報」に惑わされ、その情報に注意を向け続けている人はたくさんいます。

そして、そのエネルギーを受け取るために「この時期には何をすべきである」というどうでもいい情報に健気に従っているのです。

あなたのもとに流れてくるソースエネルギーは、無条件にいつでも受け取ることができます。

そして、そのエネルギーを受け取るためには、抵抗しないだけでいいのです。
抵抗しないとは、気分よく過ごすことです。

あなたのもとにいつでも願った分だけ降り注いでくるソースエネルギーを受け取るには、いい気分でいるだけで十分です。
よって、インフルエンサーが提案するワークやアクションなどは何一つ必要ありません。

あなたが気分よくいれば、それだけでいつでもソースエネルギーがあなたを活き活きとさせてくれます。

ソースエネルギー以外にあなたの健康に関係するエネルギーはないので、誰かが思い込みでエネルギーについて語っていても、気にする必要はありません。

あなたに必要なエネルギーはいつもソースから流れてきています。
それは時期によって増減するような気まぐれなものではありません。
それはあなただけのために用意された、あなたが求めた分だけのエネルギーです。

ですから、エネルギーポータルの開閉を時期ごとに毎年予言するインフルエンサーたちの情報には惑わされないようにしましょう。

開いたり閉じたりするエネルギーポータルなど存在しません。

それはあなたに影響力を振るいたいという気持ちから考え出されたインフルエンサーたちの間違った思い込みに基づく妄想なのです。

「この時期のエネルギーはこうなります」という一言で、どれだけの人が他人に力を明け渡してしまっているのでしょうか。

一度信じてしまうと、ほぼ一生その人の発言に一喜一憂するようになることもあります。

本当は存在しないものに力を明け渡し、その人の発言に時期ごとに毎年左右されてしまう人生になるのです。

そして、本人は自由を失っていることに気づかないまま、ありがたい情報をもらえたと信じ続けています。

「この期間はすごいエネルギーが来ます」と言われれば、その通りなんだと思考停止状態で思い込み、「この時期は宇宙とつながりやすいです」と言われれば、せっせと紹介されたアクションをこなそうとするのです。

例えば、神社に行きましょう、お墓参りに行きましょうなどとそれっぽいことを言われて、そのすべてをありがたく実践しようと頑張ってしまいます。

実際は、宇宙とつながりやすい時期や時間などありません。
宇宙とつながる、言い換えると、ソースとつながる要因となるのは唯一あなたの思考だけだからです。

なので、1日の中のどの時間帯でもあなたは宇宙、すなわちソース、インナービーイングとつながれます。

ゾロ目の時間に特別つながりやすいわけでもないのです。

ですから、時計を見ながらゾロ目を待ち構えて宇宙に夢投げする必要もありません。

宇宙はあなたが願った瞬間に、つまり望まないことを体験した瞬間にあなたの新しい夢を受け取っています。

もうわざわざ夢を伝えなくてもいいし、ゾロ目に執着しなくてもいいのです。

あなたが生きているだけで、あなたの願いは自動的に宇宙に届いています。

あなたの思考以外に宇宙とのつながりに影響しているものはありません。

ソースとのつながりに時期や時間帯など関係ないのです。
あなたが受け取るソースエネルギーは、あなたがコントロールできるものであると思い出してください。

チャクラは気にしなくていい

チャクラとは、肉体のエネルギーのポイントについて、人間の狭い視点でどうにか頑張って説明しようとしたものですが、あなたがそれを気にする必要はまったくありません。

実際のエネルギーのポイントは、人間の視点で把握できないくらい複雑です。よって、それについてあなたがどうこうできるレベルではないのです。

何をどうすれば肉体のバランスが整うか、というのは細胞たちが知っています。細胞はそれぞれが意識を持っていて、常にバランスを取ろうとしているのです。

細胞は賢いです。

細胞たちの意識は、常にボルテックスバージョンのあなたの姿に向いています。より元気で、より健康になった姿のあなたのことしか考えていないのが細胞です。

つまり、細胞は常にインナービーイングと同じものに意識を向けています。

あなたの役割は彼らに仕事を任せることだけです。

そのために必要なことは、邪魔しないことです。邪魔しないとは、幸せでいることです。

気分よく過ごすだけで、チャクラがどうのこうのとあなたが悩む必要なく、すべてが癒やされていきます。


例えば、あなたが新築の家を建てることを建築会社に依頼したとします。

あなたは職人さんたちに仕事を任せておくはずです。土台を作る作業に素人なのに割って入ろうとはまさか思わないでしょう。


細胞たちはプロの職人です。

あなたが機嫌よく待っていれば、望む通りの健康状態に仕上げてくれます。

チャクラについてあなたが知る必要のあることは一つもありません。

人間の限られた視点で分類されたポイントをいちいち覚えなくてもいいのです。


特定のチャクラにエネルギーを流そうとする人がいますが、人間には一つひとつのチャクラのバランスを取るような施術をする能力はありません。

それをするのは無限の叡智を持つソースの役割です。

体内に流れているエネルギーの流れは、あなたが把握できないほど複雑です。

ですが、細胞それぞれがバランスを取るための知恵を持っているので、あなたが心配してそこに介入する必要は何もありません。


細胞や、その集まりである臓器たちがあなたに頼めることがあるとしたら、「ただ幸せでいてください」とだけあなたに伝えるでしょう。


あなたの仕事は、賢い細胞たちの邪魔をしないことだけです。

そして、その方法は、幸せでいることです。

細胞たちはソースと協調しながらあなたの健康を維持してくれます。

あなたが心臓に指示をしなくても、心臓は拍動することをサボったりしません。それは誰も指示を出さなくても地球はその完璧な軌道をキープし、毎日回転を続けてくれるのと同じことです。

あなたが幸せであれば、必要なプロセスは自然に滞りなく行われます。人間レベルの視点でエネルギーの流れをチャクラとして分類して理解しようとしたり、特定の場所にエネルギーを流したつもりになって操作しようとしたりする必要はないのです。

どこにどのエネルギーが必要かということはソースが知っています。それを把握することはあなたの仕事ではありません。

地球がどの角度で自転すべきか、あなたにもしその調整が委ねられているとしたら、もうとっくの昔に地球はバランスを崩し、見る影もなくなっていたことでしょう。

「ここのチャクラが詰まっている」などと診断されても、それが本当に正しいかどうかはわからないですし、わかる必要もありません。

何か悪い箇所があるというそのフォーカス自体も、エネルギーの流れを邪魔してしまいます。

調子が悪いところにフォーカスすれば、その調子の悪さは加速し、やがて他の部分にも悪影響が及びます。

調子のよいところにフォーカスすれば、全体的に調子がよくなります。


あなたが選べるのは、ソースエネルギーを受け取るか、それとも拒絶するかのどちらかです。

あなたがうまくいっている部分にフォーカスすれば、あなたはソースエネルギーを受け取ります。

あなたがうまくいっていない部分にフォーカスすれば、あなたはソースエネルギーの流れを阻止してしまいます。


あなたはどこの流れが滞っているのかを把握する必要はないのです。

例えば、「ハートのチャクラを開きましょう」と言われても、きっとあなたは難しく感じて戸惑うだけでしょう。

どこかのチャクラを開くなどという意識を持つ必要はありません。

それをコントロールするのはあなたの仕事ではないからです。

あなたの仕事はハートのチャクラを開くことではなく、幸せでいることだけです。

ソースはあなたが健康でいるために必要なことをすべて知っていて、常に回復に向けて動いてくれています。

肉体の回復の作業にあなたの協力は必要とされていないのです。

あなたの仕事は、細胞の働きを邪魔しないことだけです。

あなたがもしセラピストやヒーラーに依存すると、あなたがバランスを取ろうと思ったときに、必ずその人が必要になってしまいます。

あなたにはソースがついているのだと思い出してください。

すると、あなたはチャクラを気にする必要がなくなり、本当に必要なことだけに集中することができます。

本当に必要なこととは、幸せでいることです。

どうバランスを取ればいいのかは、ソースが把握しています。ですから、バランスが崩れたと思ったら、どうすれば幸せな時間を増やせるかを考えてください。

あなたが幸せを感じている時間に、ソースがバランスを整えてくれます。

幸せであれば、あなたは健康に向かっていくのです。
チャクラを気にする必要はありませんし、それを学ぶ必要もありません。

あなたの身体の細胞は知恵を持っているのです。
その知恵に任せてください。
あなたが幸せを感じていると、細胞は仕事が簡単にできる環境になります。

細胞が仕事をしやすい環境を作ってあげるのがあなたの役割です。

楽しい時間、いい気分で過ごす時間、幸せな時間。
この時間を増やすことだけが、あなたが心がけるべき唯一のことです。

チャクラは所詮人間の頭で考えたものです。
身体はもっと複雑なポイントで成り立っています。
それを把握することもできなければ、その必要もありません。

宇宙の惑星間のバランスも、あなたが把握不可能なレベルの複雑さで構成されています。

あなたがそのバランスを把握することはできません。

難しいことは賢い存在に任せてください。

あなたが頑張るのをやめて、ただただ幸せでいることに専念すれば、限られたチャクラだけを見ようとしていた狭い世界を抜けて、身体の内側にあるもっとパワフルな知恵が働き始めるでしょう。

ヒーリングを受けなくてもいい理由

あなたにヒーラーは必要ありません。

あなたが求めているヒーリングエネルギーは、ソースエネルギーです。ですが、それをヒーラーが送ってくれるものだと勘違いしている人も多いです。

ソースエネルギーは、あなたに向かっていつも送られています。それはヒーラーが送ることのできるものではありません。

しかし、ヒーラー自身がそれを自分が送ってあげていると勘違いすることがあります。

その勘違いしたヒーラーのもとに通う人も、ヒーラーが癒やしのエネルギーを送ってくれているのだと勘違いしてしまいます。

そうなると、自分の肉体が癒やされるためには、そのヒーラーの存在が必要である、という依存関係が生まれます。

実際は、どんな人も、他人に向かってエネルギーを送る能力はありません。

誰もヒーリングエネルギーを他人に送ることはできないのです。

これを覚えておいてください。

肉体の回復、癒やしをもたらすソースエネルギーをソースから受け取る能力は、本人しか持っていません。それを受け取れる状態であれば、すなわち、幸せを感じている状態であれば、ソースエネルギーがあなたに向かって、あなたの内側に流れ込んでいきます。

そうして肉体は健康になっていきます。

ヒーリングセッション中に感じるエネルギーは、ヒーラーが送っているものではなく、あなたがソースから直接受け取っているエネルギーであることを知っていてください。

あなたはソースエネルギーを受け取れることをセッション中に期待しました。

だから、それを受け取ることができたのです。

しかし、それはヒーラーが送ったものではありません。

あなたには常に直接ソースエネルギーが送られています。

それを受け取ることを期待することで、それをソースから直接あなた自身が自分で受け取ったのです。

この構造がわかると、ヒーリングにはヒーラーが必要ではないことがわかるでしょう。

あなたを癒やすことができるのは、あなただけです。

誰も外からあなたにエネルギーを送ることはできません。

あなたにいつも届いているソースエネルギーを受け取れる波動を、あなた自身が用意できるかどうかの問題です。

あなたが何か望まないことについて考えるのをやめれば、あなたの身体は癒やされていきます。

身体が病気になる唯一の原因は、あなたが望まない何かに思考を向けることで感じるストレスだけだからです。

身体は健康に自然に向かうものです。ですから、リラックスすれば、あなたは健康になります。

健康があなたにとって自然な状態なのです。

しかし、あなたが何かに不満を感じれば、あなたはソースエネルギーの流れを阻んでしまいます。

それが病気の原因です。

心のストレスだけが病気の原因なのです。

望まないことにフォーカスし続けることが唯一の病気の原因です。

ですから、あなたが望まないことを考えるのをやめれば、あなたは健康になっていきます。

誰にもヒーリングを頼む必要はありません。
あなたを癒やす力は、あなた自身がすべて持っています。

そのためには、幸せを感じるだけで十分です。
気分がいい状態であれば、癒やしが起こります。
あなたを癒やせるのはあなただけです。
あなたを病気にできるのもあなただけです。

健康は自分で選べると気づいてください。そして、自分に癒やしのエネルギーがいつも届いていることを思い出してください。

必要なのは、幸せを感じることだけです。
そのとき、あなたは健康に向かい始めます。

Q & A

——第8章——

この章では、僕のYouTubeチャンネルに寄せられた質問の中から、主に人間関係に関するものを中心にピックアップしてお答えさせていただきました。参考にしてみてください。

Q1

旦那の行動が気に入らない

旦那さんに対して、生活における些細な、もっとこうしてほしい、という想いが湧いたときに、伝えずに自分のアラインに集中することが大切なのでしょうか？ 旦那さんは、ごみをゴミ箱の5センチ手前に置いたり、脱いだものを洗濯かごの手前に置いたり、あとちょっとなんやけどな〜と思うことがたくさんあって。つい、何度も同じことを言ったりすると疲れてきます。放っておくのも気分よくないんです（ごみが手前に落ちてるなど）。もっと旦那さんと仲良く楽しく暮らしたいのに、わたしが些細なことでイライラしてる気がしています。旦那さんのよいところを見続けたいです。アドバイスよろしくお願いいたします。

A

あとちょっとなのは、実はごみとゴミ箱、脱いだものと洗濯かごの距離ではなくて、あなたとあなたのインナービーイングの波動の距離です。

あなたはごみとゴミ箱の距離がなくならないと幸せになれないと信じているかもしれません。

しかし、それではほとんどのカップルと同じように条件付きの愛を生きることになってしまいます。

条件付きの愛を生きると、条件に自分の幸せを依存することになるので、幸せになるのが大変です。

この世界は「もっとこうだったらいいのにな」と思うもので溢れています。

望むものとの距離がある何かが常にあるのがこの世界です。

望むものと現実との間に距離がある世界の中で、どんな気持ちになるのかをあなたは自分で選ぶことができます。

これから埋まるだろうと思えば希望を感じ、埋まることはないだろうと思えば絶望し、誰かが埋めるべきだと考えれば不満を感じるでしょう。

条件に頼ることなく幸せを見つけるという無条件の愛を生きることを意識することで、少しずつ他人をコントロールせずに幸せを見つけるコツがつかめてくるはずです。

これを心がければ、もっと簡単に望む人間関係を引き寄せることができます。

あなたは人生経験を通して望む人間関係をボルテックスの中に創造しています。

あなたが協力的でないパートナーを見れば、ボルテックスの中に協力的なパートナーの波動が創造されます。

あなたの仕事は、目の前の彼をボルテックスバージョンのパートナーに変えることではありません。

ボルテックスにいる望む人間関係の波動を見つけることがあなたの仕事です。

目の前の彼は仕事を終えています。

彼の仕事は、あなたに新しい願望を持たせることです。

ごみを片付けないパートナーを見て、あなたはボルテックスの中に望む人間関係を創造しました。

あとは、あなたの仕事です。

目の前の相手は仕事を終えているので、残業させないですぐに帰らせてあげましょう。

残業とは、ごみを片付けるように命令してやらせたり、衣服を洗濯かごに入れるように頼んでやってもらうことです。

残った仕事は、あなた担当のものだけです。

今のパートナーとの関係から望むものが明確になれば、その望むものの波動を見つけることに専念してください。

つまり、**望む人間関係で感じたい気持ちを見つけることです。**

ごみをゴミ箱に入れない人にごみをゴミ箱に入れるようにお願いすることは、彼をボルテックスバージョンのパートナーに変えようとすることです。

そのように相手のふるまいをコントロールすることで願いを叶えようとする人は多いですが、それはやがて失望に終わります。

なぜなら、誰のこともあなたが望むようには完璧にコントロールすることはできないからです。

不満から指示を出して、仮に相手がその通りにやってくれたとしても、そこに愛のハーモニーはありません。

あなたはどれだけ相手が自分のために行動をしてくれても、足りないように感じるはずです。

本当に足りないのは、相手の行動ではなく、あなた自身の愛との調和だからです。あなたが無条件に愛と調和すれば、相手が変わる前にあなたは満足を感じ、幸せになります。

その幸せに、あなたの願いがついてくるのです。

つまり、あなたが指示を出さなくても自分の内側から突き動かされてあなたに協力してくれるような人が現れます。

この順番を間違えると、理想の人間関係を実現する道は遠のきます。

あなたが幸せになる方法を見つけてください。

それは一人の時間にボルテックスの中にいる心地よい感覚を見つけることかもしれませんし、もしかしたら目の前の彼を優しい目で見ることかもしれません。

例えば、ごみをゴミ箱の近くに置いたことを彼なりに協力してくれているのだと考えたり、洗濯かごの近くに脱いだものを置いてくれていることも、大雑把に見れば協力的な態度だと捉えることができるかもしれません。

無理に前向きに捉える必要はありませんが、あなたがなるべく前向きに捉える姿勢を持つと、自分自身の気分がましになるように感じるはずです。

「協力してくれている」と感じることができれば、あなたの人生には協力してくれる人が増えていくでしょう。

反対に「協力してくれない」と感じ続ければ、非協力的な人間関係しかあなたのもとにはやってこられなくなっていきます。


状況を変えようとするのではなく、考え方、見方、視点を変えることが大切です。

相手に変わってもらうようにお願いするのは、あなたが自分で幸せになる力を弱めてしまうことになるのでおすすめできません。

相手にお願いするたびに、あなたは自分でインナービーイングと調和する力を失っていきます。

その力を失うことほど創造者にとって致命的なものはありませんし、相手が変わるまで幸せになれないという信念ほど有害なものはありません。


相手が変わらなくてもあなたには自分の視点を選ぶ力があるので、自分で自分の気分を選ぶことができます。

もちろん幸せを選ぶのが簡単な状況や環境もあるでしょうが、そういった条件に完全に頼るようになると、創造者として生きることができなくなります。

創造とは、目の前の現実を超えていくことです。

目の前の現実が変わるのを待っていたら、いつまでも新しいものを創造することはできません。

創造には、無条件に願望と波動を合わせる力が必要なのです。

パートナーが差し出すものによって気分が左右され続けて、自分の気持ちを相手のふるまいに依存する癖がつくと、あなたのさまざまな願望の展開のスピードがとても遅くなってしまいます。


ごみをゴミ箱に入れなかった彼は素晴らしく貢献してくれました。

もっと協力してくれるパートナーを願えたからです。

脱いだものを洗濯かごに入れなかった彼は価値ある体験をさせてくれました。もっと自分を理解してくれるパートナーを願えたからです。


目の前の相手にボルテックスバージョンのパートナーの存在を伝える必要はありません。

インナービーイングにはそれがどんな人物なのかは正確に伝わっています。あとは、あなたがそのボルテックスバージョンの彼に波動を合わせることだけで、必然的に出会いが生まれるでしょう。


それは新しい人かもしれませんし、今の彼が変わって協力的な態度になるという意味での新しい出会いかもしれません。

どんな出会いになるのかは引き寄せの法則に任せてください。

あなたが引き寄せの法則の代わりになろうとすれば、自分のボルテックスにいるパートナーではない人を理想の人間に変えようとして、大変な苦労を味わうことになるかもしれません。

他人を変えようとするのはやめましょう。自分をボルテックスの波動に合わせて、それにマッチした人を引き寄せるほうが健全です。

他人を変える必要はありません。あなたの願望にマッチした人を引き寄せればいいのです。

自分の気分をよくするために相手を変えようとすることは、誰の得にもなりません。自分の気持ちは相手に責任があるという間違った思い込みを自分の中で強めてしまうだけです。

あなたにできることは、自分自身の気持ちを自分で幸せに保つことです。

人生で体験するさまざまなことをもとにあなたは願いを打ち上げてきました。

そのきっかけとなった出来事を見て嫌な気持ちになるのは何も問題ではありません。**そのおかげであなたは願いを打ち上げることができたのです。**

ですが、それらの願いを展開させるためには、問題に不満を持つことをどこかでやめる必要があります。

それらの問題はあなたの願いを拡大させてくれて、あなたにとって何が大切なのかをはっきりとわからせてくれました。

そのことに価値を感じてください。

そして、**その願いが叶った人生を生きている自分と波動を合わせましょう。**

その自分は幸せと安らぎを感じているはずです。その自分は理解され、大切にされ、愛されて笑っているはずです。

その平和を感じてください。その喜びを感じる方法を見つけるのです。

幸せな生活を送る人たちのドラマを観るのもいいかもしれません。

その気持ちを維持すれば、引き寄せの法則があなたの波動に反応して、そんな人物との出会いを届けてくれるでしょう。

相手に変わってもらうのではなく、自分の波動を変える方法を見つけてください。

人にごみを片付けさせるのではなく、自分の頭の中にある願望に抵抗する思考というごみを片付けて、喜んで協力してくれる人を引き寄せることです。

ボルテックスバージョンの人間に今すぐなるのは相手の仕事ではありません。

彼はそのままでいいのです。

あなたがボルテックスバージョンの人間の波動と先に出会ってください。すると、あなたがまず幸せになれます。

幸せになれると、あなたは目の前の彼に影響力を持つようになります。不満から指示を出す言葉の影響力の100万倍強力なのがあなたの幸せな姿です。

あなたの幸せな姿を見ると、相手は彼自身の本当の自分の波動に合わせやすくなります。なので、拡大したより優しい思いやりのあるバージョンの彼になる可能性は大いにあります。

あなたの幸せな波動に触発されて目の前の相手が変わるか、望む場所へ向かうインスピレーションを幸せなあなたが受け取って喜びとともに彼から離れ、新しい出会いが生まれることで、願いは現実になるでしょう。

あなたが幸せになると、あなたは彼が変わるまでの間も幸せな状態でいることができるので、わざわざ関係の変化を急いで彼から離れる必要性を感じなくなることが多いはずです。

その期間は、拡大したバージョンの姿に変わるまでの時間の猶予を相手に与えられる点でもとても役に立ちます。

また、自分の幸せが相手のふるまいとは関係がないことをあなた自身が身にしみて感じることもできるでしょう。

今のパートナーと別れることよりも、今のパートナーのままで新しい自分にお互いに追いついていくほうがより満足する経験となることもあります。

ですが、場合によっては幸せなあなたに別の場所へ向かう直感がくることもあるでしょう。

あなたの仕事は相手にお願いをすることではありません。

相手の嫌な側面に注目しながら不機嫌な顔をして離れることでもありません。

あなたの願いはすでに叶えられてボルテックスの中で待っています。

あなた自身の波動を変えましょう。すると、そこに引き寄せの法則が働きます。

引き寄せの法則に仕事をさせることが重要です。

目の前の人は放っておいてください。自分の気分がよくなる工夫をしましょう。

どうしてもごみが気になるなら、自分自身のためだけにごみを片付けてください。

ごみを片付けることを自分の心地よさのために選んだのなら「なぜ私が片付けないといけないんだ」「彼が自分で片付けるべきだ」なんて不満を感じるようなことは考えないことです。

自分の気分を少しでもよくすることに専念してください。

ごみが落ちていることに気づかないくらい楽しいことで忙しくするのもいいでしょう。

1日をとても楽しく過ごせば、もしかしたら鼻歌まじりにごみを捨てている自分に気づくかもしれません。

ですが、そこに相手を恨むような気持ちは何もないはずです。


相手のふるまいに関係なく幸せな人生を生きる力があなたにはあります。

あなたが無条件に愛に調和し続けることができれば、あなたの隣にいる人は、やがてあなたと同じように自分で自分の幸せを選ぶ人になっているでしょう。

あなたが相手に指示を出さずに相手を理解し大事にすれば、あなたに対して何も指示せずに理解し大事にしてくれるパートナーがそばに引き寄せられてくるはずです。

これまでのそれぞれの人生経験から生まれたそれぞれの願いが共鳴し、引き寄せの法則が二人を結び付けてくれます。

その引き寄せの力を使えば、望む出会いが生まれ、お互いに無条件に愛に調和する力を持つパートナー同士で、幸せな時間をたくさん共有することができるでしょう。

ボルテックスにある望む人間関係を引き寄せる邪魔ができるのは、あなただけです。願望に抵抗する思考という頭の中にある唯一のごみが片付けば、あなたの望む人生が展開していきます。

Q2 音に敏感すぎてつらい

ソースの視点で人と関わりたいですが、「こうしてほしい」という思いを伝えずにただ愛を持って接することのコツが知りたいです。夫が玄関を開ける「ガチャッ」という音を聞くたびにドキッとするので「もう少し静かに開けて」と伝えたけれど響かなかったようです。

A 他人が出す音に敏感になっている場合によくあるのが「相手のふるまいをコントロールするための手段」として音に敏感に反応する癖がついてしまったパターンです。

周りの音に敏感に反応することで、自分のことを大切に扱おうという気にさせることができると信じていると、ますます音に敏感になっていきます。

音を不快に感じる練習をしていくと、どんどん不快に感じる音の範囲が広がっていき、些細な音にも過剰に反応する癖がついていきます。

それはおもちゃを買ってもらえない子どもが泣き叫ぶことで親の行動をコントロールできることを覚えて、その癇癪の表現がエスカレートしていくのと同じようなものです。

「その音を出すのは間違っている」という思考が反射的に活性化するようになるのです。

最終的には、他人が出すすべての音が気に食わなくなり、他人と生活することが困難になります。

心地の悪さが「その音を出すのは間違っている」という自分自身の思考によるものである場合、その音を出す相手への見方が変われば、そこまで気にならなくなります。

例えば、同じ工事の音でも、自分の家を建ててくれている音と、隣の家を建てる音では、それに対する見方が違ってくるのがわかると思います。

その音に対する思考によって感じ方は変わります。

あなたのインナービーイングは、旦那さんが玄関を開けることに対して「その開け方は間違っている」と考えることはないはずです。

あなたのインナービーイングとあなたの思考がズレると、いら立ちや不安を感じます。

音に対して好みを持つことは何も問題ありませんが、**他人のふるまいをコントロールするために敏感さをアピールする癖がついてしまった場合、必要以上に音に対して**

傷つきやすくなっていき、生きられる世界がだんだん狭くなってしまいます。

自分にもっと気をつかってほしいというメッセージを強めるために、より敏感さを高めてしまった人は、自分の機嫌を伺う人が増えると、それを自分が大事にされている証拠だと受け取ります。しかし、周りの人の感じている気持ちは罪悪感や不安、心配などです。

本人がその気づかいを愛だと勘違いすると、そこにある種の満足感を感じます。そこでますます敏感な反応を深めていき、しまいには「繊細さん」だと自分にレッテルを貼ることで正式に認められた気になることさえあります。

音に限らず、何かに敏感に反応することによって他人に大事に扱われようとするのが習慣になると、「生まれつきの体質」「繊細さん」「HSP」でもなんでもいいので、とにかく他人に大事に扱われるべき存在であるということを示せる証明書が欲しくなります。

「変えられない性質」であるという正当性があると、相手をコントロールできる説得力が増すからです。

これは嫌なことを避けるために病気になるのと同じような構造です。

自分が大事にされないことが嫌なので、音に敏感に反応することで大切にされようとします。

しかし、それで得た他人からの反応は愛ではなく、心配や罪悪感から生まれた行動にすぎません。

心配されることが愛だと勘違いすると、その偽物の愛を与えてくれる敏感さを手放せなくなってしまいます。

なんらかのレッテルを自分に貼って「変えられない性質である」と思い込んでしまうと、本人がそう思い込んでいるうちは変えられなくなります。

大切にされていないと感じながら、大切にするよう相手に求めることは難しい道です。

相手を説得してある特定の行動をさせたとしても、相手の波動は変わらないままなので、そこに本当の愛情を感じられることはありません。

例えば、相手に頼むことでドアを静かに開けてくれるようになったとしても、それはどうしても心配や不安といったネガティブな気持ちに動機づけられたふるまいになってしまうでしょう。

「そうしないと相手を傷つけるから」という罪悪感や不安をドアを開けるたびに感じ

るようになると、相手はドアに触ることが怖くなるかもしれません。

ドアを開けることを恐れて緊張した相手に愛を感じることはないはずです。

相手をなんらかの方法でモチベートして行動してもらったとしても、本当には満たされた気持ちにはなりません。


あなたが求めているのは愛から生まれた行動です。

それを受け取るために重要なのは「大切にされている安心感」の波動を先に見つけることです。

あなたが「大切にされている安心感」を見つければ、それにマッチしたふるまいをする人が引き寄せられます。

現在の旦那さんが変わるかもしれないし、大切にしてくれる別のパートナーが現れることもあるでしょう。

どちらにせよ、他人を変えるのではなく、自分の波動を変えることで引き寄せることをコントロールするという意識が大切です。

大切にされていないと感じたら、大切にされたい、尊重されたい、理解されたいという願いがボルテックスに入ります。あなたの仕事は、ボルテックスの中に入ること、すなわち、願望と調和した波動を発信することです。

不満から何かを相手に言うことは、相手のふるまい次第でボルテックスに入るかどうかを決めることになります。

ボルテックスに入り、願望と波動を合わせるために他人に変わってもらう必要はありません。

大切にされているという感覚を得るためにパートナーをコントロールすることは、とても難しい道です。

パートナーにあなたが信じる完璧なふるまいをさせたとしても、相手は愛から生まれた行動を自主的にしているわけではありません。

あなたが求める愛は、表面的な行動ではなく、相手が心からそうしたいと感じて突き動かされたものであるはずです。

心からあなたを大切にしてくれる人を引き寄せるには、あなたの心が「大切にされている安心感」を先に感じている必要があります。

安心感を先に抱いていると、ドアの開く音がしても、以前よりも気にならなくなっていることに気がつくかもしれません。

不安感を先に感じていると、音には当然敏感に反応してしまいやすいでしょうし、その音を立てる相手に対する恨みを感じる思考も選びやすいでしょう。

安心していると、恨みや怒り、不満などの思考が活性化しにくくなります。

相手に対する見方が変われば、同じ音に対する反応が変わるかもしれません。


他人をコントロールするための敏感さではなく、自分の波動をコントロールするための敏感さを持つようにしましょう。

自分の感情と思考の関係に敏感に気づくことが、健全な敏感さです。


他人をコントロールすることを諦めると、敏感さを自分自身の波動の調整のために活用できるようになります。

他人を変えようとする努力を手放してください。

他人にはそのままでいてもらいましょう。

他人を変えるのではなく、あなたが望む人を引き寄せればいいのです。

そのためには、一人の時間に「大切にされている感覚」を見つけ、感じるようにすることがおすすめです。

大切にされるのは、愛を先に見つけている人です。

あなたが先に自分のインナービーイングと調和すれば、同じように自分のインナービーイングと調和している人を引き寄せることができます。

あなたが愛を見つけ、安心感を見つければ、それにマッチした人が引き寄せられてきます。

さらに、その安心感は音に対する自分のネガティブな反応を和らげてくれるでしょう。

Q3

価値観が違うパートナー

深く愛し合う夫と妻が、互いに相手に求めるものが違う場合、その二人は別れてでも自分の夢を実現しようとするべきなのでしょうか。例えば、夫婦には同じ夢があり、「この唯一無二のパートナーと一生愛し合い、仲良く共に暮らしていきたい」と願っています。しかし片方にとって夫婦のスキンシップは「とても大切！　それなしに夢は叶えられない！」というほど最重要であるのに対し、もう片方にとっては「スキンシップはとっても苦痛！　これがある限り夢は叶えられない！」というほどさけたいものである場合などです。

A

ある特定の人と離れたくないからという理由で自分のインナービーイングと離れ続けることを選ぶ人もいます。

文字通りインナービーイングと離れることができるわけではありませんが、本当の自分に抵抗し、感情のガイダンスを無視し続けることはできます。つまり、自分の直感に従うのではなく、誰かの言うことや慣習などに従うということです。

ある人と離れるくらいなら本当の自分から離れることを選ぶという人は、不思議とたくさんいます。

他人と一緒にいるために自分の夢、願望に抵抗し続けることを選んでしまう人が多いということです。

しかし、自分とインナービーイングとのつながりほど大事なものは他にはありません。

それを犠牲にすることは、人生で最も大切なものを捨てることです。

それでもある人と一緒にいるために自分の感情のガイダンスを捨てる人もいます。

自分の感情を無視して、やりたくないことを我慢してやり続け、やりたいことをやらないように我慢して、自分に自由にさせることができない人がいるのです。

それをやってしまうと、相手と一緒にいられなくなるというのがその理由です。

本当はやってみたいことがあるのに、パートナーの顔色が気になって、足踏みしている人もいます。

自分のガイダンスを捨てるということは、自分がやりたいと思ったことをやりたいと思ったときにやらないことです。

なぜやりたいことをやらないのかと聞いてみると、誰かに嫌われるから、誰かに認めてもらえなくなるから、その結果誰かと一緒にいられなくなるからという理由であることがあります。

自分が豊かに自由に生きる道がインナービーイングから示されても、パートナーに反対されるからという理由でその導きを無視し続けている人もいます。

豊かさが目の前に用意されていても、パートナーの反応を理由に自分を引き止めてしまっているのです。

たとえ一歩踏み出せたとしても、パートナーの意見に耳を貸してしまうことでバランスを崩し、うまくいかなくなっていることもあります。

そして、やっぱりパートナーの言う通りだった、やるべきじゃなかったと思い込んでしまうのです。

たくさんの人がそれを選んでいるからといって、あなたが必ずしもそうする必要はありません。他人とのつながりも、自分のインナービーイングとのつながりがなければ、それほど楽しいものにはなりません。

インナービーイングとつながっている人同士のつながりのほうがすごく幸せな体験になるものです。

また、インナービーイングと調和している人、つまり、本当の自分の波動である愛とつながっている人にスキンシップを苦痛に感じる人は存在しません。

相手がなんらかの理由でスキンシップを望んでおらず、自分がスキンシップを望んでいる場合は、まず自分自身が自分の願望に波動を合わせることが大切です。

それができれば、これまでスキンシップを嫌がっていたパートナーの気が変わるか、二人が離れて、あなたと同じ願望を持つ人を新たに引き寄せることになるかのどちらかです。

自分の願望を諦めることはできません。

しかし、他人と離れないために自分の願望に抵抗し続けることはできます。


何よりも自分のインナービーイングとのつながりが大切であることを思い出してください。

そのつながりを維持すれば、あとは引き寄せの法則がうまくやってくれます。

自分の願望を犠牲にしてまである特定の人と離れないことにこだわるのは、決してあなたのためにはならないでしょう。

自分の夢を犠牲にしてまで一緒にいる価値のある人はどこにもいません。

しかし、本当の自分とのつながりを忘れている人は、目の前の相手とのつながりにしがみつきたくなるかもしれません。

どれだけ素晴らしいものがボルテックスにあるのか想像がつかなくなると、小さなところで妥協してしまうこともあり得るのです。

それは部屋の中にあるクローゼットの中だけで一生を過ごすようなものです。

相手がどんな人生を望むのかは自由です。そして、あなたにも自由に生きる権利があります。

あなたは自分が願ったものを受け取る価値がある存在です。たとえ他人と離れることになったとしても、本当の自分からは離れないことをおすすめします。

あなたの願望が叶った世界がすでに待っています。

自分の夢を犠牲にするのはやめましょう。

あなたは夢を叶えに来たのです。

誰かのためにそれを犠牲にするために生まれたのではありません。

肉体を離れた後にその犠牲を褒めてくれる神様もいません。

自分の夢を最も大切にしてください。

自分と自分のインナービーイングとのつながりを最優先にしてください。そうすれば、あなたの願いにマッチした引き寄せが起こってくるでしょう。

他人と離れないことにこだわりすぎないようにしましょう。

自分のインスピレーションを受け取れる波動で生きて、直感を受け取ったら、周りは気にせずに自分の道を進んでください。

「こっちに行きたい」というポジティブな衝動を感じたら、それが相手と離れることを意味しても、自分の直感を優先しましょう。

惰性による行動と直感に基づく行動は違います。

習慣から人生を生きないことです。

これまでそうだったからという理由で他人と一緒にいないでください。

あなたが望む人と一緒にいることが大切です。

望む人を引き寄せる波動を確かにしたら、あとは流れに任せましょう。

すなわち、引き寄せの法則に人間関係の管理を任せるのです。

自分のインナービーイングと波動をマッチさせていれば、あなたの願いが叶う環境、出来事、出会いが用意されていきます。

あなたにとって唯一の仕事に集中し続けましょう。
自分と自分のつながりだけを大切にすることです。
そこから自然に生まれるつながりを楽しんでください。

人間関係の犠牲になるのではなく、望む人間関係を自由に引き寄せましょう。

相手のためにあなたが犠牲になることは、本当の意味では相手のためにはなりません。なぜなら、自分自身とのつながりを失った人が相手に与えられるものは何もないからです。

愛とつながっている人だけが愛を与えることができます。
自分の夢を犠牲にしている人が教えられるのは誰かの犠牲になることだけです。
あなたはあなたの人生を通して人に教えるのです。
あなたが教えたい人生を生きてください。
あなたが与えたい愛を生きてください。
あなたが与えたい自由を生きてください。

Q4

離婚したくない

私は結婚のコントラストについて教えてほしいです。半年前の夫の浮気発覚から急に夫婦関係がギクシャクし、話し合いの流れから、将来的な離婚が濃厚になってしまいました。私は離婚をしたくないと思っています。ですが、このままギクシャクした関係が続くのも、とても苦しいです。夫は、これから何十年も私と一緒に暮らすことを現時点では考えられないようです。離婚もギクシャク結婚生活も回避して、夫婦仲良くなるための方法が知りたいです。

A

特定の人にこだわり続けることはまずおすすめしません。あなたは一人の人と一生添い遂げるために生まれたわけではないからです。

夫婦関係がギクシャクしたことで新しい願望がお互いの中で生まれたはずです。それは今、二人のボルテックスの中で力強く活性化しています。

ですが、相手があなたと一緒に暮らさないことでその願いが叶うのだと信じているなら、そう信じている相手と一緒に暮らそうとすることは抵抗が大きい道でしょう。

宇宙は最も抵抗の少ない道を通して願いを叶えるものです。

自分と一緒に暮らしたくない人を説得するよりも、自分と一緒に暮らしたい人を引き寄せるほうがずっと簡単です。

あなたのボルテックスには、一緒に自分と暮らしたいと思ってくれるパートナーがいるはずです。

あなたがこれまでの人間関係から明確にしてきたいろんな要素を満たす人がパートナーとして待っているでしょう。

目の前の人を説得することに時間を使うことで、その出会いを遅らせるのもあなたの自由です。ですが、望む人間関係を引き寄せるには、望まない現実を変えようとするのをやめなくてはいけません。

あなたが抵抗するのをやめれば、簡単に望む出会いが訪れるでしょう。

あなたが抵抗し続ければ、変えるのが難しい現実が続きます。

一人の人間に自分の願いを無理やり叶えさせようとする無理な仕事を押し付けるのをやめて、自分の願いに波動を合わせ、引き寄せの法則に仕事を任せることをおすすめします。

あなたが望む人間関係にフォーカスし、自分と喜んで一緒にいてくれるパートナーと波動がマッチすれば、目の前の相手がその人物になることもあるし、そうじゃないこともあります。

別の人が願いを叶えてくれる可能性を勝手になくさないことが大切です。

一人の人間があなたの願いを一生満たし続けるとは限りません。

願望を生み出すコントラストを与えてくれたことの価値を認めて、前に進んでください。

前に進むとは、あなたの波動を望む人間関係に合わせることを意味します。

他人を説得することは前に進むことではありません。

あなたの思考を前に向けてください。

望む人間関係にフォーカスして、自分と一緒にいたいと思ってくれて、自分もその人と一緒にいたいと思える人を引き寄せましょう。

特定の人にこだわらないで、自分の願いにこだわってください。

Q5

家事、育児が面倒ください

日常のタスクに対して、単純に「これはしたくないこと」と振り分けることができず、ミックスな感情のまま行動することが多いのが悩みです。「家事育児をしたくないけど、『しない』という選択もしたくない」ということが非常に多いのです。具体的にいうと、掃除をするのが面倒だが、キレイになると気持ちいいので「私には、掃除をするスキルがあり、そしてこれは望むことだ」と前向きな気持ちで取り組み、「自分は矛盾してない」と思っているのに、横でスマホゲームしている夫を見るとイラッ。掃除が終わった後、子どもにワガママ言われると「お母さん今忙しくして疲れてるんだから」とイライラ。つまりは、イヤイヤ掃除をしていたんだと、そのとき初めて気づくのです。というふうに、心底ポジティブな感情以外での行動が日常には多いと感じます。

A

家事や育児を面倒に感じているときは、楽しく行動するための波動の準備がまだ整っていません。面倒に感じるときは、そのまま行動に出ないことを意識してください。

何かに努力を感じるのは、自分がインナービーイングと調和していない波動のまま、モチベーションで行動しようとしているときです。

自分の内側の波動のギャップによって、ソースエネルギーとのつながりに抵抗したまま自分に何かをさせると疲れます。

気分がよくないのは、自分とインナービーイングとの波動の違いによるものですが、それを子どもや協力してくれない夫のせいにすると、相手のふるまいを責めたり、無理やり変えようとしたりして苦労することになるでしょう。

機嫌の悪い状態を見せることで、子どもや旦那さんを動かそうとする癖がつくと、疲れの根本の原因である自分自身の波動の不調和を変えることに意識が向かなくなっていきます。

自分の波動を変えないかぎりは、疲れをもたらす唯一の原因が取り除かれないので、イライラなどの不快な感情が続いてしまいます。

そのイライラは自分の波動がインナービーイングと一致していないことからくる感情ですが、それを相手のせいにしてしまう人は多いものです。

自分の感情の責任は自分にしかないことを自覚することが、望む人間関係を作るための大前提となります。

子どものことをコントロールしようとする親は多いですが、子どもは親に認められるために生まれたわけではないので、親である自分に認められることが重要であると教え込むのは難しい道です。

しかし、子どもがやっていることに罪悪感を抱かせたり、批判を繰り返して自分の価値に疑いを持たせたりすることができれば、親であるあなたは子どものふるまいをコントロールしやすくなったと感じるかもしれません。

自分の思う通りではない行動を子どもがしていることにネガティブな評価を与えて子どもを変えようとすると、子どもは自分自身のガイダンスという最も大切なものを徐々に失うことになるので、いい影響を与えることにはなりません。

そんなことは、本当は誰も望んでいないのです。

子ども自身がやりたいと感じることではなく、親が認めることをする癖がつくと、その子は自分のガイダンス、直感に従って動くことができなくなります。

こうして大人になってからも自分の直感を無視し続けるようになるのです。

嫌な気持ちで動くことで周りを喜ばせようとするのは、嫌な気持ちが教えてくれていることを無視していることになります。

自分の感情のガイダンスの使い方を間違えるようになると、自分の願いを叶える力がとても弱くなってしまいます。


なぜ、嫌な気持ちなのにそれをやる必要があるのでしょう?

嫌な気持ちになることはやらなくていいのです。

誰かを喜ばせることはあなたの仕事ではありません。

喜びを共有することがあなたの仕事です。

あなたには他人の機嫌を取り続ける能力はありません。

他人は気まぐれだからです。

誰かを喜ばせるためではなく、自分の喜びのために動いてください。

子どもは最初からそれを知っています。あなたがそれを忘れさせる努力をするのはやめてください。


あなたがあなた自身のインナービーイングと調和することが、子どもへの最もいい影響となり、その姿が子どもにとって見本となります。面倒に感じることを苦しそうにやって、周りの人に不機嫌な姿を見せることで周りのふるまいを自分の有利なものに変えようとすると、子どもはそれを学ぶかもしれません。

嫌なことを嫌だと感じたまま、義務感で動くことが正しい生き方であり、自分の価値を感じる唯一の道だと子どもも一緒に思い込む可能性もあります。


面倒なことはしないでください。

面倒なことをすると、子どもは面倒なことをすべきだと学んでしまいます。

面倒に感じたら、自分の波動を変えるタイミングだと気づくことです。

やりたいことをする姿を子どもに見せてあげてください。


嫌なことを無理やりやると、遅かれ早かれ周りの人を責める気持ちが出てきてしまうでしょう。

自分が嫌な気持ちに耐えながら行動していると、周りは好きなことばかりやっているように見えてきます。

その好きなこととは、あなたの機嫌を取る行動以外の何かです。

他人を見て、好きなことをやるのではなくて自分の機嫌を取るようなことをやってほしいという要求が自分の中で出てきたら、他人をコントロールするという難しい道を行こうとしている自分に気づいてください。


人は誰かに認められるために生まれたのではなく、自由に生きるために生まれま

した。

ですので、その生まれながらの権利を奪う方向で人と関わると、お互いに苦しむことになります。

自由を奪い合うのではなく、自由を共有して楽しみましょう。

面倒に感じることはやらないでください。

そうすると、周りの人を恨むことがなくなります。

面倒なことをやらなければ、自分だけが苦労しているという気持ちは和らいでいきます。

面倒に感じたら、一度立ち止まって、自分が感じたい気持ちを探しましょう。

家事に関して、あなたが感じたい気持ちは何ですか？

面倒に感じたら、このように自分がその瞬間に望んでいる気持ちを見つける作業に取り組んでください。面倒なまま行動するのではなく、望む気持ちをまず探すようにします。

家事や育児において、しないという選択をしたくないということは、そこに願望があるということです。

家事についてあなたが望んでいることがあり、育児についてもあなたが望んでいることがあるはずです。

その願望と波動的に調和することを何よりも優先しましょう。

行動は一旦置いておいて、あなたが家事や育児に持つ願いにフォーカスする時間を取りましょう。

面倒だと感じたら、家事、育児についてのあなた自身の願いについて考えるのです。

このとき、「子どもがこう変わってほしい」「夫がこう変わってほしい」ということを考えるのは注意が必要です。

幸せな姿を思い描くのはいいことですが、今はしてくれていない何かをしてくれている姿を思い描いてしまうと、現実を見た瞬間に再び望まない波動が活性化してしまう可能性が高いからです。

他人があなたのために行動することを期待するのではなく、自分がコントロールできることに集中してください。

つまり、自分の波動を自分の願いと調和させることだけを心がけるのが大切です。

家族の誰かの行動を変えるために自分の波動を変えようとしても、失望に終わります。

誰かのふるまいを変えるために何かをすると、変わっていない現実を確認しながらがっかりし続けることになるでしょう。

重要なのは、誰かの行動に関係なく、自分の波動をインナービーイングと調和させることです。

あなたには他人を完璧にコントロールする力はないからです。あなたの波動が変わっても、すぐに目の前の相手が変わるとはかぎりません。あなたの波動はすぐに変えられますが、相手をすぐに変えることはできません。

変えられるのは、あなたがこの瞬間に持つ影響力です。

あなたに今すぐできるのは、家事や育児で疲れないことです。

疲れが出る唯一の原因は、あなたとソースエネルギーのつながりにあなた自身が抵抗することだけです。

ですから、あなたがインナービーイングとの調和を心がけるだけで、疲れを感じることはなくなっていくでしょう。

相手を恨む思考も、あなたを疲れさせます。

インナービーイングは家族を愛しているので、愛さない思考を活性化させると、あなたは自分自身のソースエネルギーの流れを邪魔することになるので、ストレスを感じるのです。

実はストレスは相手のふるまいで生じるものではなく、自分の内側で開催される自分対自分の綱引き大会が原因です。

自分とインナービーイングとしての自分の思考の違い、意見の違い、フォーカスしている側面の違いが、あなたの心を消耗させています。

あなたが自分の思考によって自分を疲れさせたり、ストレスを感じたりするのをやめれば、家事や育児をすることに疲れを感じることはなくなるはずです。

自分の中で綱引きが起きている状態でする行動は疲れますが、綱引きが起きていない状態の行動は疲れ知らずです。

あなたの波動がインナービーイングと一致していれば、あなたのもとにあなたを通してソースエネルギーがフルに流れてきます。

あなたの願いをサポートするソースエネルギーを受け取りながらする行動は、なんであっても喜びと満足感に満ちたものになります。

例えば、何かを手入れするのであれば、その道具との一体感や、その道具への感謝、またはその動作をすること自体による恍惚感が溢れてくるでしょう。

幼い子にご飯を食べさせてあげるなら、その関わりの中に喜びがあります。

おむつを替えてあげるなら、自分の手際のよさに感動するかもしれません。

大切な子が生きていることに喜びが溢れ、この子にこの世界で生きる道を開いてあげられた自分に誇りを感じるかもしれません。

自分の子どもとの関わりのすべてが祝福に感じられるでしょう。


しかし、ソースエネルギーになんらかの思考で抵抗しながらする家事や育児は大変なはずです。その大変さは、あなた自身が自分の願いに抵抗し、本当の自分が考えていないことを考えながら行動していることを教えてくれています。

大変に感じたり、面倒に感じたりしたときは、自分自身が願いに抵抗することを考えていることに気づいてください。


イヤイヤ何かをやっている人から学べるのは、イヤイヤ何かをやって周りの人に認められるため、何者かの機嫌を取るために自分をこき使うことだけです。

何者かの機嫌を取ろうとして自分をこき使うことは誰のためにもなりません。

子どもが自分でできることはできるかぎり自分でやらせてあげましょう。子どもは自分でやりたいと思っています。

子どもは自分で靴を履けることに喜びを感じるはずです。できるかぎり自分でやれることは任せましょう。そうすれば、あなたは希望を感じるはずです。

子どもが成長すればするほどできることが増えていくことに前向きな期待が持てると、いい気分で接する助けになります。

ですので、子どもが自分でできることは、自分でやらせてください。

子どもは自分でやりたがるはずです。

できるだけ自分でやらせてあげてください。

子どもができることをあなたがすることは、実は子どものためになりません。


これは機嫌についても同じです。

子どもの機嫌を取れば、子どもは自分で自分の機嫌を取る機会を奪われます。すると、自分で自分の気分を調整する能力が弱まってしまうでしょう。

子どもの機嫌を取るのは、あなたの仕事ではありません。

あなたがその仕事を奪わなければ、子どもは自分で自分の機嫌を取ることを覚えていきます。

あなたが子どもの機嫌を取ることを繰り返してしまえば、子どもはどんどんあなたに依存し、要求するようになるでしょう。お互いに要求し合う関係は、カオスになります。そこに調和が生まれることはありません。

互いに機嫌を取るように要求し合う関係は、闘いにしかなりません。これも子育てが大変になる要因の一つです。

子どもの機嫌を取るのはやめましょう。放っておけば、自分で自分の気分を改善する方法を見つけるはずです。


子どもは放っておけば、自分で自分の機嫌を取ります。

その力を保ってあげられるのは、自分で自分の機嫌を取ることができる親です。

子どものふるまいに関係なく愛の存在でいられる力を取り戻してください。そうすれば、闘いは平和に変わります。


自分を疲弊させ、周りの人を恨むことになるやり方はやめましょう。面倒なことはしないでください。

面倒なことをやめて、面倒に感じる波動を満足を感じる波動に変えましょう。

家事や育児についての自分自身の願望に純粋にフォーカスして、望みのフィーリングを見つけることができれば、あなたは自然に何かをやりたくなるはずです。それが家事、育児に取り組むのにふさわしいタイミングです。

一度その感覚を見つければ、それができていないときに気づきやすくなるはずです。自分の波動が乱れたことに気づけば、再び波動を調整すればいいのです。

次第に家事、育児に対する優勢な思考がポジティブなもので安定し、意識せずとも前向きな気持ちで取り組めるようになっていきます。

内側からインスパイアされて、純粋な願望と調和している状態でする家事や子育ては、とても満足を与えてくれるでしょう。

最初に満足を見つけてください。

最初に愛を見つけてください。

あなたは家事について、何を感じたいですか？

あなたは子育てについて、何を感じたいですか？

これまでの体験で明確になった望みを考えましょう。

その時間を先に取ってから行動するようにすると、疲れ知らずの満足とともに動いている自分を発見できるでしょう。

家族はそのパワフルな姿を見て、あなたにその秘密を聞いてくるかもしれません。

それが教育です。

あなたが見本になり、自然に周りの人があなたから学ぼうとします。自分を犠牲にすることで、犠牲になることを子どもに教えないでください。喜びを生きることで、それが自分次第でどんな状況でも見つかるものであることを教えてください。

他人をコントロールすることを教えないでください。自分の気持ちを自分でコントロールする姿を見せることです。

他人はそのままであなたが幸せであることが、何よりの見本です。その力を見せること以上に、子どもにとって有益なことは何もありません。

親の機嫌を取らせないことです。親の機嫌を取ろうとしていたらやめさせましょう。

自分の機嫌を自分で取って、好きに生きる見本になりましょう。

面倒なことはしないでください。

面倒に感じたら、立ち止まって自分に聞きましょう。

「私は何を望んでいるのかな？」

望むことに調和したあなたは再びポジティブなエネルギーで溢れます。

自分の中に流れるソースエネルギーに抵抗していた自分の思考が邪魔しなくなるからです。

あなたを不幸にできるのはあなたしかいません。それを他人のせいにすれば、あなたは不自由の檻に閉じ込められてしまいます。

あなたの機嫌を取るために生まれた人は誰もいません。その責任を人に押し付けないでください。あなたの幸せはあなたに責任があります。あなたの幸せは、あなたの思考次第だからです。

インナービーイングと同じ見方を見つけることに集中してください。他人を放っておいて、そのままで幸せになる方法を探すことです。

あなたが家事において感じたい気持ちは、どんな気持ちですか？

満足感、自由、創造性、才能、活気など、自分が感じたい気持ちを見つけてください。

あなたが育児において感じたい気持ちは何ですか？

喜び、嬉しさ、楽しさ、ユーモア、愛など、あなたが感じたい気持ちを見つけてください。

何もしようとせず、そのまま見つけた感情をじっくり味わってください。

何かをしようとせずとも、あなたは内側から何かをやりたくなるでしょう。

行動は本来楽しいものです。

あなたは子どもにご飯を作ることをものすごく楽しめるかもしれないし、掃除をすることをものすごく楽しめるかもしれません。

何をするかはそんなに問題ではありません。

どんな自分がするのか、どんな波動の自分がするのか、本当の自分としてするのか、本当の自分と引き離された状態の自分がするのか、それが行動の喜びを決めます。

そもそもあなたの存在自体が幸せなのです。幸せがあなたの自然な姿なのです。あなたは生きているだけで幸せを感じられる人です。

本当の自分として、インナービーイングとともに家事をして、インナービーイングとともに育児をしてください。

Q6

仕事を辞めたい

私は今仕事を辞めたくて悩んでいます。こうちゃんは以前の動画で、仕事を辞めたいときは、辞める前に今の環境で波動を整えてからのほうがいいとおっしゃってました。また別の動画ではやりたくないことは断って、やりたいことで溢れさせようとおっしゃってました。この2つがうまくつながらないときがあります。やりたくないことを断っていいなら、仕事を辞めたいし、でもアラインしてから動いたほうがいいというのもわかるので、混乱するときがあります。うまく調整する方法があれば、教えていただきたいです。

A

「仕事を辞めると生活できなくなる」と信じている状態では、仕事をやりたくないからと断ることは、生活できなくなるという望まない状況に自分を押し込むことと同じ意味になります。

生活費の支払いに困ることはあなたのやりたいことではなく望まないことです。

仕事をやることと、仕事を断ることと、どちらが抵抗の少ない道だと感じますか？

仕事を断ることがあなたにとってより心地よい選択なのであれば、他人にどう思われるかを気にせずに仕事を断りましょう。しかし、仕事をやることのほうが心地よい選択であれば、仕事を続けましょう。

そして、仕事を続けることを選んだのであれば、そこからまたよりよい選択を探してください。

仕事を続けると決めたとして、今の仕事のよい側面と悪い側面のどちらにフォーカスすることがあなたにとって心地よいでしょうか？

もちろん、よい側面です。

「一生この仕事をやらなければならない」という考えと、「この仕事は一時的なものだ」という考えではどちらが心地よいですか？

いつもそのときに考えられる思考の中で最も心地よい思考を選び、そこから思いつくアイデアに従うようにしてください。

やりたいことをやって、やりたくないことを断るとは、その瞬間にあなたに選べる選択のうち、最も心地よいものを自分の気持ちに照らし合わせて選ぶことです。

仕事を受けることは、生活費に困るというやりたくないことを断っていることを意味します。

ですから、あなたはお金を受け取るというやりたいことを選び、生活費に困るというやりたくないことをちゃんと断ることができているのです。

もし、貯金もなく他の仕事もない状態であなたが仕事を断れば、お金を受け取るというやりたいことをやらずに、生活費に困るというやりたくないことをやることになるでしょう。


要は、あなたにとってその瞬間に最も心地よいものを選ぶということです。

あなたが今この瞬間できることの中で、最もやりたいことを選んでください。

やらなければならないと信じていることがあるなら、それをやりながら最も心地よい側面に目を向けてください。

やらなければならないと感じているということは、何かあなたの役に立っている部分があるはずです。

何も役に立っていないのにやらなければならないと信じている場合は、他人の目を気にしているのかもしれません。

他人の目を気にして自分のやりたいことをやらないで、やりたくないことをやっているのであれば、それは不必要な努力なのでやめましょう。

仕事をしなければならないのであれば、その理由は何でしょうか？

きっとお金がもらえるからですよね。

お金があると助かることはありますか？

たくさんあると思います。

そのことについて考えると、あなたは気持ちがましになるのを感じると思います。

あなたはお金を得るというやりたいことができている状態です。そのことに感謝を感じることもできるかもしれません。

しかし、やりたくない仕事であるという側面に注目しているうちは、感謝の気持ちを感じることはできないでしょう。


あなたが気分よくなるためなら、どんな側面でも見てください。

あなたの気分が悪くなるのであれば、同じ物事の別の側面を探しましょう。あなたがポジティブな気持ちで過ごせるようになれば、経済的な状況も、職場の環境も、全部が改善されていきます。

必要なのは、あなたの気分の改善だけです。

あなたの気持ちがましになるたびに、願望実現が近づいてくるのを見ることができるでしょう。

あなたの波動にマッチしたことが引き寄せられてきます。

あなたに選べる範囲の中で、最も心地のよい選択、最も心地のよい思考を選んでください。

何かに文句を言うのはやめましょう。

何かに感謝する方法を見つけることです。

お金をもらえること、それがどんな金額だとしてもそのお金に感謝を感じることができれば、そのお金は増えていきます。

足りない、少ないと感じているうちは、豊かになれません。

豊かさにつながるアイデアが受け取れないからです。


あなたが気分のいい思考を安定的にキープすることができるようになれば、あなたは新しい職場を見つけるかもしれませんし、同じ職場での待遇が変わるかもしれません。どんな道を進んでいくことになるとしても、あなたが感じていることが必ず反映されます。

今いる場所で見つかる最も心地よいものを選び、最も心地よいことを考えましょう。

あなたがネガティブな気持ちを変えることができたら、あとは引き寄せの法則が世話をしてくれるでしょう。

思いつく中で最も気分のいいアイデアを実行してください。

仕事を辞めるのが最も気分がよいなら辞めましょう。

辞めることが不安で、辞めないことがより安心な道なら、辞めないでください。

そして、辞めないままで、より気分よく生きられる方法を探しましょう。

よいタイミングで辞めるときが来るか、辞めずとも環境が望むものに変化するでしょう。

あなたのインナービーイングは、最も抵抗の少ない道にあなたを導いてくれます。

そのアイデアを受け取ってください。インナービーイングはあなたにとって最も抵抗の少ない、最も満足できる道を教えてくれます。

他人に自分の選択がどう思われるかは気にしないでください。

あなたにとって最も心地よいものを選びましょう。

Q7

子どもが保育園に行きたがらない

3歳の息子が保育園を泣いて嫌がることについてです。朝、保育園に行くのをものすごく嫌がります。でも園では、泣かずに過ごしているようです。私は、毎朝送り出すときに罪悪感を感じています。そしてそんな毎日が嫌になってきました。どういう思考を選んだらより高いバイブレーションをキープできるのでしょうか？

A

息子さんに関係することでなくていいので、ご自身が幸せな感覚に包まれるような思考を選ぶことです。

朝を最高の時間にしてみてください。ご自身が朝起きるのが楽しみになるような工夫をすることをおすすめします。

息子さんのことは忘れてしまうくらい、幸せな朝の時間を過ごすことで、息子さんへ伝わるものが変わるはずです。

例えば、親であるあなたが時間を気にして焦っているとします。すると、あなたが発するエネルギーや言葉は愛と調和していないため、それを見た息子さんは心地が悪く感じるはずです。

もし保育園に行くこと自体が嫌というよりも、朝慌ただしく追い立てられることが嫌である場合は、あなた自身が穏やかで優しい雰囲気さえ保てるようになれば、息子さんが泣いて嫌がることはなくなるでしょう。

朝、瞑想からスタートして、ご自身のインナービーイングと調和することから1日を始めることがおすすめです。

ちなみに瞑想の時間は15分~20分、やり方は呼吸やエアコンの音、扇風機の音などに意識を向けるか、または瞑想音源を聴きながら思考を静めるようにするだけです。姿勢はご自身が心地よい姿勢を選び、基本的には座ってやることがおすすめです。

思考が静まると、水に浮かぶコルクのように、自然にあなたの波動はインナービーイングの波動と調和するところまで上がります。

そんなに思考が刺激されないエアコンの音や、水が滴る音などにフォーカスするだけで、あなたの波動は本当の自分の波動まで上昇します。

波動を上げることは、それほど努力のいらないことであることも知っておいてください。

瞑想して波動が上がると、気分も改善されます。気分よく、効率よく支度をすることができれば、落ち着いて息子さんを送り出すことができるでしょう。

ご自身の幸せな感覚を保ちながら朝の準備をすることができれば、息子さんのことだけでなく、ご自身が何よりも幸せな朝の時間を過ごすことができます。

まずは、ご自身が感じる朝の幸せを作ることを心がけてください。

朝に好きなことをする時間を用意するのも役に立つでしょう。

ご自身の気持ちの余裕が息子さんにどう影響するのか見てみてください。

Q8

信じるということがわからない

私には信じるということがどういう心の状態なのかがよくわかりません。例えばこうちゃんの動画を観てなるほどと納得するのですが、他のスピリチュアル系の動画などを観ると、「え？　そっちが本当なの？」と迷ってしまいます。「結局どちらも信じてないのかな？」と不安になります。信じるとはどういうことなんでしょう？

A

繰り返し何かを考え続けていると、それが引き寄せのポイントになるので、それを現実として体験することになります。

このとき、あなたはそれを信じるようになります。なので、人生体験が唯一の教師なのです。

ほとんどの人は自分が体験したことをもとに人生とは何か、自分はどんな存在なのかという結論を出していきます。

信じていること、つまり、何度も考えて習慣になった思考が引き寄せのポイントになって、その証拠を上塗りし続けるので、一度何かを信じると、なかなかそれが変わることはありません。

先に思考があって、それに現実がついてきます。

その現実を見て、あなたはその思考の正しさを信じるのです。

これを逆にすることもできます。

あなたは先に波動の現実のことを考え、それを引き寄せます。

すると、あなたは波動の現実の存在を信じられるようになります。

なんであれ、あなたは考えたことを手にし、それがあなたにとって本当のことになります。

ですから、先に何を自分にとって本当のことにしたいかを選んでください。

ほとんどの人は逆に、目の前の現実から自分にとって本当のことを選んでいます。

しかし、創造者は違います。

自分が真実にしたいものを選んだら、そこに思考を向けましょう。

すると、それが真実である証拠として、その思考にマッチした現実が引き寄せられ

てきます。

真実を探すのはやめて、自分が真実にしたいことを選びましょう。

あなたが考え続けていることが、あなたの真実になります。

おわりに

僕は、毎朝のように、愛犬を連れてドッグランで本を書いてきました。パラソルを開き、コーヒーをテーブルに置いて、吹き抜ける心地よい風を感じながら過ごす時間は至福でした。

実は、今、この瞬間もそんな幸せに満ちた時間を過ごしていて、そばで愛犬がまったりくつろいでいます。

この本の最後の文章を書いている今、思い出す出来事があります。

ある日の朝、いつものようにパソコンを片手にドッグランに着くと、トンボが蜘蛛の巣にぶら下がっているのを見つけました。

蜘蛛の巣に絡まったトンボが小さな羽音を立ててもがいていたのです。

それに気づいた僕はすぐに糸をほどき始めたのですが、不思議と暴れ回っていたトンボはおとなしくなりました。

トンボを傷つけないように糸をほどくのは、すごく繊細な作業でした。

羽が破れてしまわないように気をつけながら、時間をかけて一本一本蜘蛛の巣を取ってあげました。

一本ほどくたびに、僕が感じる希望は少しずつ膨らんでいきました。

そして、最後の一本をほどいた次の瞬間、トンボは大きな羽音を立てて勢いよく空に飛んでいったのです。

美しい紅葉を照らす光と、トンボの自由を讃える羽音が、僕の心を喜びで満たしました。

僕の紡いだ文字はすべて、この地球にいる人が自由に向かうためのものだと信じています。

あなたが空を飛ぶように自由に生きられますように。


2023年なんでもない普通の秋の日のドッグランで　こうちゃん

こうちゃん

1986年12月1日東京生まれ、大阪育ち。

12歳年上の妻と愛犬と一緒にまったり暮らす普通の人。

YouTubeチャンネル「エイブラハムQ&A」でエイブラハムから学びながら情報を発信している。

まったりしながら
引き寄せる

2023年12月1日　初版第1刷発行
2023年12月19日　初版第2刷発行

著者	こうちゃん
発行者	小川 淳
発行所	SBクリエイティブ株式会社 〒106-0032 東京都港区六本木2-4-5 ☎03-5549-1201（営業部）
印刷・製本	中央精版印刷株式会社
校正	ペーパーハウス
編集担当	小澤由利子（SBクリエイティブ）

本書をお読みになったご意見・ご感想を下記URL、または二次元コードよりお寄せください。

https://isbn2.sbcr.jp/17325/

落丁本、乱丁本は小社営業部にてお取り替えいたします。定価はカバーに記載されております。本書の内容に関するご質問等は、小社学芸書籍編集部まで必ず書面にてご連絡いただきますようお願いいたします。

ISBN978-4-8156-1732-5